DEMCO

EDICIÓN ORIGINAL

Dirección de la colección
Charles-Henri de Boissieu

Dirección editorial
Mathilde Majorel y Thierry Olivaux,
con la colaboración de Marc Dannenhoffer

Diseño gráfico
Jean-Yves Grall

Maquetación
Abigail Nunes

Cartografía
Vincent Landrin

Documentación fotográfica
Frédéric Mazuy

Archivos Larousse
Marie Vorobieff

EDICIÓN ESPAÑOLA

Dirección editorial
Núria Lucena Cayuela

Coordinación editorial
Jordi Induráin Pons

Edición
Laura del Barrio Estévez

Traducción
Anna Pena Miralles

Cubierta
Francesc Sala

© 2003 LAROUSSE/VUEF
© 2003 SPES EDITORIAL S.L.,
para la versión española

ISBN: 84-8332-466-0
Impresión: IME (Baume-les-Dames)

Anne Debroise y Érick Seinandre

Fenómenos naturales

naturales

un planeta
activo

LAROUSSE

Biblioteca Actual

Sumario

✹ Mapas

Prólogo

E sculpida por fuerzas que actúan a lo largo de millones de años o sacudida brutalmente en pocos segundos, la Tierra vive al ritmo de los fenómenos naturales. Gracias a estas manifestaciones impresionantes, sabemos que nuestro planeta evoluciona constantemente, buscando su propio equilibrio en el Universo del mismo modo que sus distintos constituyentes (masas de aire, corrientes marinas, calor interno, etc.) buscan el equilibrio entre ellos. Estas fuerzas y estos equilibrios son infinitamente superiores a nosotros.

Los fenómenos naturales son en ocasiones motivo de admiración: los eclipses, las estrellas fugaces, las auroras boreales y las cascadas vertiginosas a menudo provocan una gran fascinación. Pero también pueden causar un temor totalmente justificado, ya que a menudo se encuentran en el origen de las catástrofes naturales. Los ciclones, los maremotos, las erupciones, las recientes inundaciones en Europa o en Bangladesh son testigo de ello.

El hombre, aunque es incapaz de dominar estos fenómenos, puede influir sobre ellos. Según las últimas previsiones de los especialistas en meteorología, el calentamiento climático debido a la expulsión cada vez mayor de contaminantes a la atmósfera corre el riesgo de provocar un aumento de la frecuencia de las catástrofes naturales. Si bien es difícil determinar en qué medida éstas últimas están relacionadas con un posible calentamiento del clima, hay una señal inequívoca: ¡los precios de las pólizas de seguro que cubren estos riesgos se han disparado!

A pesar de que todavía se desconocen muchos de estos mecanismos, la comprensión de los fenómenos naturales mejora. Hoy en día, los volcanes en activo son objeto de una estrecha vigilancia y es posible evitar las consecuencias más mortíferas de las erupciones volcánicas evacuando a las poblaciones. Las trayectorias de los ciclones y la progresión de los tsunamis son objeto de seguimiento, lo cual también permite avisar a las poblaciones para que tomen precauciones; y si bien todavía no se pueden predecir los seísmos, las construcciones antisísmicas mejoran. Sin embargo, estos avances son insuficientes para evitar las pérdidas humanas y los daños materiales registrados, ya que son inaccesibles en las regiones más pobres del planeta, que son, precisamente, las más afectadas.

Serie de relámpagos sobre un lago de Estados Unidos. Este fenómeno se produce una media de 100 veces por segundo en la Tierra.

os volcanes aparecieron hace unos 4 000 millones de años, cuando la corteza terrestre se empezó a solidificar. Gracias a estas chimeneas naturales, el planeta evacua el calor producido en su núcleo por la descomposición de los elementos radiactivos. La mayoría de los volcanes se concentran en los límites de las placas tectónicas (cuya separación o encuentro favorece el ascenso de las rocas fundidas en las profundidades); algunos volcanes aparecen en medio de una placa. Cada caso distinto da lugar a volcanes de evolución muy diferente que entran en erupción de manera más o menos explosiva.

Las **erupciones del Etna** se caracterizan por grandes expulsiones de lava fluida.

El fuego
de la Tierra

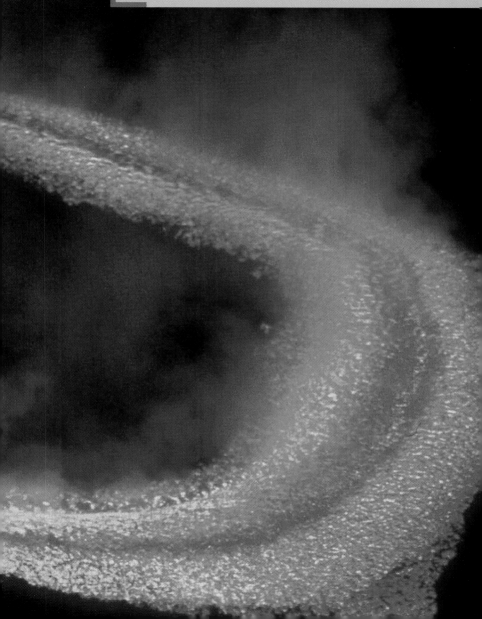

El origen de los volcanes

Los volcanes han existido siempre en nuestro planeta.

Consisten en unas brechas por las que se escapa el calor

producido de forma continua en el centro de la Tierra.

Una herida abierta en las entrañas de la Tierra

Nuestro planeta se parece a un alto horno. Gracias al calor producido por la descomposición de los elementos radiactivos de sus rocas, su núcleo arde a más de 5 000 °C. Bajo nuestros pies, la temperatura del suelo aumenta un promedio de 1 °C cada 30 m de profundidad. A nivel del manto superior, a unos 100 km de profundidad, las rocas se funden en determinados puntos para formar el magma; es allí, en general, donde se generan los volcanes, pero su origen puede hallarse a más profundidad, a varios miles de kilómetros de la superficie.

El magma, más ligero y más caliente que las rocas que lo rodean, tiene tendencia a ascender hacia la superficie aprovechando las zonas más frágiles de la corteza terrestre. Después, se acumula en unos depósitos gigantescos, las cámaras magmáticas. Cuando la presión del gas disuelto en este magma empieza a ser demasiado fuerte, la corteza se fisura y expulsa una mezcla de gas y de rocas

LÉXICO

[Magma]
Líquido formado en el interior de la Tierra por fusión de las rocas que la componen.

[Litosfera]
Capa externa de la corteza terrestre que se fragmenta en placas tectónicas.

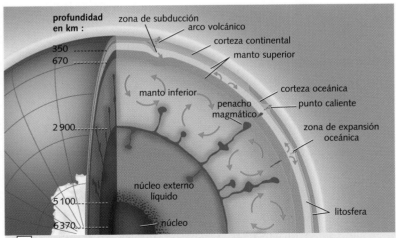

profundidad en km :
350
670
zona de subducción
arco volcánico
corteza continental
manto superior
manto inferior
corteza oceánica
penacho magmático
punto caliente
2 900
zona de expansión oceánica
núcleo externo líquido
5 100
litosfera
6 370
núcleo

La **convección de rocas calientes** que se produce en el manto arrastra a las placas litosféricas. Estos movimientos permiten la circulación del calor producido en el núcleo de la Tierra y su evacuación por las chimeneas volcánicas.

fundidas y solidificadas. Es lo que se conoce como erupción.

Tectónica de placas

Los volcanes se instalan principalmente a lo largo de los límites de las placas. La capa externa y rígida del globo, la litosfera, está efectivamente dividida en placas que se desplazan muy lentamente gracias a los movimientos de convección que agitan el manto. Cuando dos placas se dirigen la una hacia la otra, una pasa por debajo de la otra elevándola; la placa que queda hundida se recalienta y se fluidifica: se habla entonces de zona de

El vulcanismo en Islandia se debe a la separación de dos placas litosféricas. En la imagen, el rift que divide el paisaje de Þingvellir.

subducción. La litosfera que desaparece en dichas zonas se crea de nuevo en otro lugar, en las zonas de acreción, allí donde dos placas se separan la una de la otra. El valle (llamado rift) que aparece entonces contiene rocas basálticas solidificadas tras el enfriamiento. También puede ocurrir sencillamente que dos placas se deslicen una sobre otra, mecanismo que, por lo general, no provoca ningún efecto volcánico.

Volcanes de puntos calientes

Alrededor del 5 % de los volcanes surgen en medio de una placa litosférica. Estos volcanes, llamados «de puntos calientes», han constituido un misterio durante muchos años. Actualmente se sabe que su origen se halla a más de 3 000 km de profundidad, en la frontera entre el núcleo y el manto. Allí, la materia sobrecalentada atraviesa el manto al tiempo que se descomprime, lo cual provoca su licuefacción. Como si se tratara de un soplete, el penacho formado ataca la litosfera y acaba perforándola; el volcán entra entonces en actividad. Dado que la litosfera sigue desplazándose mientras el penacho permanece inmóvil, el volcán deja de encontrarse en la vertical de este último y acaba apagándose, mientras que otro volcán aparece de forma perpendicular al punto caliente.

Planeta activo

Actualmente se calcula que nuestro planeta cuenta con más de 1 500 volcanes activos, es decir, susceptibles de entrar en erupción en cualquier momento. A lo largo del siglo xx, más de 400 volcanes distintos experimentaron al menos una erupción. Sin embargo, estas cifras son relativas, puesto que a menudo es difícil trazar los límites de cada aparato volcánico, cada uno de los cuales puede incluir varios conos eruptivos. Por otro lado, no se tienen en cuenta las decenas de miles de volcanes que jalonan los rifts submarinos y que no se conocen.

Mapa *(páginas siguientes)*

La mayoría de los volcanes aparecen a lo largo de los límites de las placas litosféricas. En las zonas de separación de las placas (denominadas dorsales oceánicas) o allí donde éstas convergen y se hunden una debajo de la otra (llamadas zonas de subducción) se forman cadenas volcánicas. Tan sólo los volcanes de puntos calientes surgen fuera de estas zonas.

Zonas volcánicas

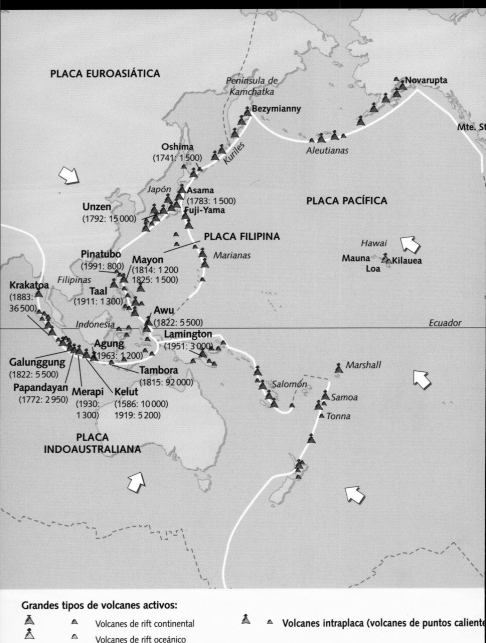

PLACA EUROASIÁTICA

Península de Kamchatka

Bezymianny

Novarupta

Mte. St

Oshima
(1741: 1 500)

Kuriles

Aleutianas

Japón **Asama**
(1783: 1 500)
Fuji-Yama

Unzen
(1792: 15 000)

PLACA PACÍFICA

PLACA FILIPINA

Hawai

Pinatubo
(1991: 800)

Mayon
(1814: 1 200
1825: 1 500)

Marianas

Mauna Loa

Kilauea

Filipinas

Taal
(1911: 1 300)

Krakatoa
(1883: 36 500)

Indonesia

Awu
(1822: 5 500)

Ecuador

Lamington
(1951: 3 000)

Agung
(1963: 1 200)

Galunggung
(1822: 5 500)

Marshall

Tambora
(1815: 92 000)

Salomón

Papandayan
(1772: 2 950)

Merapi
(1930: 1 300)

Kelut
(1586: 10 000
1919: 5 200)

Samoa

Tonna

PLACA INDOAUSTRALIANA

Grandes tipos de volcanes activos:

🌋	▲	Volcanes de rift continental
🌋	△	Volcanes de rift oceánico
🌋	▲	Volcanes de zona de subducción

🌋 ▲ **Volcanes intraplaca (volcanes de puntos caliente**

▲ **Volcanes inactivos**

muy activos   activos

PLACA NORTEAMERICANA

Islandia

Laki (1783: 9 500)

Hekla

Surtsey

Cadena de los Puys

Vesubio (79: 3 400 1631: 3 500)

Azores

Stromboli

Santorín (1450 a. J.C.)

Etna

Demavend

Canarias

PLACA AFRICANA

CaboVerde

in opocatépetl

El Chichón (1982: 2 000)

Santa María (1902: 6 000)

Soufrière (Montserrat)

Soufrière (Guadalupe)

Montaña Pelada (1902: 28 000)

Soufrière (San Vincente 1902: 17 000)

Erta Ale

Arenal

Nevado del Ruiz (1984: 23 000)

Guagua Pichincha

Cotopaxi (1877: 1 000)

Mt Oku (Lago Nyos 1986: 1 700)

Mte. Camerún

Nyiragongo

Ngorongoro

Kilimanjaro

Lengai

alápagos

PLACA SUDAMERICANA

Misti

Lascar

Llullaillaco

PLACA DE NAZCA

La Reunión

Piton de la Fournaise

Cerro Azul

Osomo

Tristan da Cunha

PLACA ANTÁRTICA

0   2 000 km
Escala en el ecuador

Placas litosféricas:

Dirección de las placas

Zonas de subducción

Límites de placas

Tambora (1815: 92 000):
Fecha de la principal erupción
y número de víctimas

La diversidad de los volcanes

Los volcanes a menudo parecen montañas coronadas por un cráter. Pero también adquieren formas desconcertantes, entre las que se encuentran las calderas, las fallas o los domos.

El magnífico cono del volcán Licancábur domina Chile y el altiplano boliviano desde una altura de 5920 m.

Conos perfectos

Cada volcán tiene su historia, consistente en una o varias erupciones, explosiones de materia o coladas viscosas. Y cada historia da origen a formas diferentes.

El cono es el aparato volcánico más clásico. Se trata de montes de tamaños extremadamente variables (¡los más pequeños pueden medir algunos metros!) cuyas pendientes son relativamente empinadas (del orden de 30°). Entre ellos, el Mayon (2462 m), en las islas Filipinas, es conocido por tener la forma más regular del mundo. Cuando alcanzan una altitud determinada, no es extraño que estos volcanes tengan una cumbre cubierta de nieve, como es el caso del Fuji-Yama (3776 m), el punto más elevado de Japón. Muchos volcanes están formados por varios conos llamados «adventicios», que a su vez son minivolcanes testimonio de erupciones pasadas y múltiples (¡el Etna cuenta con más de 250!).

Una isla pasajera

El 18 de julio de 1831, apareció una nueva isla en el estrecho de Sicilia: era un volcán submarino que alcanzó una altitud suficiente para llegar a la superficie del mar. Un mes más tarde, el volcán tenía 1500 m de diámetro y 70 m de altura. La isla despertó la codicia de diferentes naciones: el reino de Dos Sicilias se la adjudicó y la bautizó con el nombre de Ferdinandea, los británicos la reivindicaron con el nombre de Graham y los franceses con el de Julia. Erosionado por las corrientes marinas, el islote desapareció a finales de año. Tras una breve reaparición en 1863, se volvió a hundir definitivamente.

La cima de los volcanes en escudo parece prácticamente plana. Desde el Mauna Ulu, formado entre 1969 y 1974 en la ladera del Kilauea, se observa el Mauna Loa, que alcanza los 4710 m.

Volcanes en escudo

Otros volcanes presentan formas claramente menos accidentadas. Se trata de los volcanes en escudo, cuya pendiente se encuentra entre los 2° y los 10°.

Su forma puede recordar a un balón de rugby medio enterrado en el suelo. Esta forma convexa característica se debe a la presión ejercida por la lava fluida en el interior del volcán, presión que hincha sus laderas antes de que el magma salga expulsado lentamente hacia el exterior.

Los volcanes en escudo pueden alcanzar alturas significativas gracias a la acumulación de una gran cantidad de materia magmática. Así, el Mauna Loa (Hawai), el volcán en escudo más conocido, es el más voluminoso de la Tierra, ¡con 4170 m de altitud y 250 km de diámetro en la base!

LÉXICO

[Dorsal oceánica]
Fractura submarina por la cual se inyecta el magma y reconstituye el fondo oceánico.

[Rift]
Valle de hundimiento creado por tensiones de la litosfera.

Grandes fosas

A lo largo de las dorsales oceánicas de acreción, aunque también en Islandia o incluso en el gran rift africano, se producen fenómenos volcánicos. El magma vertido colma las fallas creadas por la separación de las placas litosféricas, lo cual da origen a siluetas volcánicas muy particulares.

En el continente, la divergencia crea primer momento, en un primer momento, una fosa llamada «canal de distensión» (como el gran rift africano, por ejemplo), antes de formar un principio de océano (mar Rojo, por ejemplo).

A lo largo de las dorsales oceánicas, en el fondo del mar, múltiples chimeneas arrojan agua cargada de sales metálicas: se trata de las fuentes hidrotermales.

Surcos y montículos

Los volcanes también se distinguen por la forma de su cima. Los más clásicos poseen un cráter, es decir que el orificio de su chimenea está abierto. Los movimientos que agitan la corteza terrestre y el magma que hay debajo del volcán con frecuencia provocan tensiones: se hace una mella en el cráter, éste se abre y su tamaño aumenta. Si en el mismo punto se produce otro fenómeno eruptivo, entonces se puede observar cómo los cráteres se encajan.

Según el grado de actividad del volcán, el fondo del cráter puede estar lleno de lava solidificada o de lava hirviente. En ocasiones, cuando el magma que está en proceso de erupción se encuentra con una capa acuífera o un lago, el choque entre estas dos temperaturas extremas conduce a una fuerte explosión de vapor.

Entonces se forma una depresión, la cual puede dar origen a un nuevo lago. Este tipo de cráter se llama maar.

Sin embargo, existen muchos volcanes que no tienen cráter. Si, al final del episodio eruptivo, la boca del volcán se llena de lava pastosa, demasiado viscosa como para fluir, ésta tapona el orificio formando un domo. Éste es el caso, por ejemplo, del monte Saint Helens, en Estados Unidos.

cráter
acumulación de coladas
cono adventicio
emisión fisural
cámara magmática

Las coladas de lava y las proyecciones de piroclástitos dan forma a los volcanes. Éstas crean un cono más o menos pronunciado alrededor de la chimenea principal, que está unida a una o varias cámaras magmáticas.

LÉXICO

[Caldera]
Hundimiento del techo del volcán, debido a una erupción especialmente violenta.

[Maar]
Cráter procedente del encuentro del magma ascendente con una reserva de agua.

⌖ **El centro de la caldera** de este volcán etíope está parcialmente lleno de agua de lluvia.

Calderas del diablo

Las calderas son gigantescos hundimientos de terreno que se hallan en el centro de determinados volcanes. Se producen cuando, durante una erupción especialmente explosiva, las reservas de magma situadas bajo el volcán se vacían de modo violento. Entonces, en el centro del volcán se forma una llanura de varios kilómetros de diámetro rodeada de elevados acantilados que lo aíslan del resto del mundo. Las calderas dan origen a tipos de paisajes muy distintos. En Santorín, en el norte de Creta, hacia el año 1500 a J.C., el hundimiento del centro de la isla durante una erupción terriblemente violenta sólo dejó visible un acantilado abrupto en forma de media luna. La caldera de Ngorongoro (República Unida de Tanzania) ha preservado en una llanura amurallada de 20 km de diámetro una muestra extremamente diversificada de fauna africana (patrimonio de la humanidad). En Indonesia se encuentra la caldera más grande del mundo (30 km sobre 100), donde se alberga el lago Toba.

Silueta variable

Todos los volcanes evolucionan con el paso del tiempo. Por ejemplo, un domo puede volver a formarse a causa de una erupción que decapite literalmente al volcán. Así, ¡la erupción más fuerte de la historia reciente (1815) hizo que disminuyera la altitud del volcán Tambora (Indonesia) de 4 000 a 2 800 m! También pueden producirse otras transformaciones súbitas, como el vaciado de un lago o la aparición momentánea de una isla en pleno océano. La erosión y el tiempo pueden transformar un volcán dormido en un monte tranquilo y verde: la naturaleza volcánica de las montañas de Auvernia, en Francia, pasó desapercibida hasta el siglo XVIII.

El fuego de la Tierra **17**

Diferentes tipos de erupción

Los penachos de humo de los volcanes grises y los torrentes de lava de los volcanes rojos son ilustrativos de dos tipos de erupción. Estas diferencias dependen, sobre todo, de la composición del magma procedente de las profundidades.

Escenario

Una erupción puede compararse con la explosión del corcho de una botella de champán después de haberla agitado demasiado. Efectivamente, la corteza terrestre cede bajo la presión de los gases disueltos en el magma acumulado en la cámara magmática, debajo del volcán. El magma se disocia entonces bruscamente en dos fases: una gaseosa (vapor de agua, dióxido de carbono, cloro...) y la otra líquida. A medida que esta mezcla asciende por la chimenea, la presión disminuye. Las burbujas de gas experimentan una brusca expansión que provoca la explosión y la proyección del líquido que está en proceso de solidificación debajo del volcán. Así, las características de la expulsión dependen de dos parámetros: la riqueza en gas y en silicio. Cuanto más rico en gas es el magma, más violenta es la expulsión. Cuanto más rica en silicio (más del 70 %) es la roca en fusión, más viscosa será y fluirá con mayor dificultad, lo cual la llevará a formar unos tapones que acabarán explotando al tiempo que proyectan bombas volcánicas y otros residuos rocosos extremadamente peligrosos. En cambio, una roca que es pobre en silicio (menos del 50 %) fluirá con mucha mayor facilidad y formará coladas de lava basáltica.

Clasificación

En general, se distinguen cuatro tipos de erupciones. Las erupciones hawaianas, de explosión poco habitual, se caracterizan por la emisión de lava basáltica muy fluida y muy caliente; éstas producen volcanes en escudo. A causa de su magma viscoso rico en gas, las erupciones estrombolianas alternan

La estructura del volcán y la composición química del magma definen cuatro grandes tipos de erupciones volcánicas.

🔖 **El contacto de la lava con el agua**, a poca profundidad, provoca fuertes explosiones como ésta, en Islandia, cerca de Surtsey.

emisiones explosivas de piroclástitos y coladas de lava (el cono también está formado por una sucesión de estratos de piroclástitos y de lava enfriada); estos volcanes se denominan estratovolcanes. En las erupciones vulcanianas el magma, de gran viscosidad, tiene dificultades para evacuar la chimenea y forma un tapón. Cuando la presión acumulada en la chimenea es la suficiente, el tapón explota, proyectando hacia los alrededores una lluvia de materiales piroclástitos. Estas erupciones se caracterizan por el penacho de cenizas en forma de seta que emiten. Las erupciones peleanas, que son explosivas debido también a un magma especialmente viscoso, se caracterizan por la formación de un domo de magma frío en la cima de la chimenea. Cuando ésta cede, unos nubarrones ardientes compuestos de lava fluida y de gases hirvientes descienden por las laderas del volcán a varios centenares de kilómetros por hora.

LÉXICO

[Piroclástitos]
Conjunto de las proyecciones de fragmentos emitidas por un volcán: polvo, ceniza (2 mm de diámetro), lapilli (de 2 a 64 mm) y bombas o bloques (más de 64 mm).

El agua y el fuego

El encuentro con el agua provoca otros tipos de erupción: erupciones submarinas en las que la presión del agua a gran profundidad impide la desgasificación, lo cual da lugar a apacibles vertidos de lava; erupciones freatomagmáticas que se producen a poca profundidad y en las que el contacto de la lava con el agua provoca fuertes explosiones, y por último, erupciones freáticas, en las que la proximidad de un depósito magmático puede provocar una evaporación brutal de aguas subterráneas, con la expulsión de vapor de agua y de antiguas rocas sólidas.

Una tipología teórica

Los volcanes son difíciles de catalogar. A menudo un mismo volcán experimenta distintos tipos de erupción en su vida (e incluso en una sola erupción). Por ejemplo, en el Piton de la Fournaise, en la isla de Reunión, se produjeron erupciones de tipo estromboliano antes de evolucionar hacia las de tipo hawaiano.

El fuego de la Tierra

Otros peligros de los volcanes

Los volcanes constituyen un peligro de muerte permanente para miles de habitantes del planeta. Un peligro con múltiples expresiones, como pueden ser los gases tóxicos o las coladas de lodo.

El agua devastadora

La tragedia que devastó la ciudad colombiana de Armero el 13 de noviembre de 1985 recordó trágicamente al mundo entero que el fuego no era el único factor mortal durante una erupción. Al igual que otros muchos volcanes, el Nevado del Ruiz, de 5 389 m de altitud, está cubierto de glaciares. El calor de la erupción transformó estos glaciares en torrentes de agua, y más tarde de lodo, que inundaron la ciudad y sus habitantes. El balance de la catástrofe se elevó a 22 000 muertos y desaparecidos. Otros tipos de volcanes también pueden producir torrentes de lodo: aquellos, por ejemplo, cuyo cráter alberga un lago. Así fue como la antigua capital de Guatemala, Antigua, quedó destruida en el siglo XVII. Del mismo modo, durante la estación lluviosa, en las regiones cálidas y húmedas se puede presenciar la aparición de torrentes de lodo en los años siguientes a una erupción que haya producido depósitos importantes de ceniza. En Japón, uno de los países pioneros en cuanto a la prevención de catástrofes volcánicas, las laderas del Usu fueron equipadas con presas y diversos sistemas de filtración destinados a controlar los torrentes de lodo susceptibles de desfilar por las laderas cubiertas de ceniza tras las erupciones de 1977 1978.

Por último, las erupciones especialmente violentas pueden provocar maremotos devastado

La ciudad de Armero (Colombia), a 130 km de Bogotá, quedó sumergida bajo las coladas de lodo provocadas por la erupción del volcán Nevado del Ruiz, que llevaba dormido desde 1840.

res. En 1883, la erupción que pulverizó la isla de Krakatoa proyectó tal cantidad de materia al agua que las costas de Java y Sumatra quedaron sumergidas bajo un enorme maremoto que arrasó 165 pueblos y provocó la muerte de 36 000 personas.

Gas mortal

En ocasiones, los cráteres de los volcanes se llenan de agua de lluvia, formando lagos que disuelven permanentemente las emanaciones de azufre, de dióxido de carbono y cloro expulsadas por el magma subyacente.

Así, el Kawah Idjen, en Indonesia, alberga un lago lleno de ácido sulfúrico y clorhídrico. Aparte del peligro intrínseco de la presencia de tal cantidad de ácido, estos lagos de cráter pueden liberar enormes cantidades de gas tóxico. En efecto, cuando los gases alcanzan su límite de solubilidad, la menor estabilidad provoca una desgasificación masiva. En 1976, una enorme burbuja de gían sulfuroso reventó la superficie del Kawah Idjen y mató a once trabajadores que recolectaban azufre. El 21 de agosto de 1986, una capa de gas carbónico escapó del lago Nyos, en el noroeste de Camerún, y asfixió a 1 746 personas y a más de 3 000 reses bovinas.

La nube de gas que emanó del lago Nyos (Camerún) el 21 de agosto de 1986 afectó a los rebaños de los alrededores. Más de 3 000 reses bovinas murieron asfixiadas por el dióxido de carbono.

La modificación del clima

La liberación de grandes cantidades de polvo volcánico a la atmósfera puede tener consecuencias en el clima mundial. En 1982, la erupción del volcán El Chichón, en México, propulsó hacia la estratosfera 20 millones de toneladas de polvo y enormes cantidades de gas sulfuroso.

Se cree que esta nube pudo llegar a interceptar entre el 2 y el 3 % de los rayos solares durante tres años, lo cual provocó un descenso global de la temperatura del orden de 1 °C.

Dicha nube fue la responsable de los récords de frío que se registraron en Estados Unidos durante el invierno de 1983-1984 y en el continente europeo al año siguiente.

Amenaza aérea

En junio de 1982, un Boeing de la compañía British Airways sobrevolaba Java a 12 300 m de altitud cuando sus reactores dejaron de funcionar, debido a la erupción del Galunggung, que expulsó toneladas de polvo volcánico hacia la alta atmósfera. Un aterrizaje forzoso permitió salvar a todos los ocupantes. Hoy en día, los aviones evitan este tipo de erupciones.

Grandes erupciones de la historia

Debido a su fuerza y a sus efectos especialmente devastadores, numerosas erupciones han marcado la historia de la humanidad. Algunas de ellas también han entrado a formar parte de la leyenda...

Santorín, ¿la mítica Atlántida?

En el año 1450 a. J.C., una de las erupciones más destructivas de la historia sacudió la isla de Thera (hoy Santorín), al norte de Creta. Los vulcanólogos calculan que se proyectaron a la atmósfera 60 km³ de materiales. La onda de choque, que se oyó a miles de kilómetros, derribó edificios en Grecia al tiempo que un maremoto sumergía las costas de los alrededores. La mayor parte de la isla se hundió. Según la hipótesis de un sismólogo griego, podría tratarse de la famosa Atlántida. Una leyenda egipcia cuenta, en efecto, que una civilización particularmente avanzada, establecida en una isla, habría desaparecido súbitamente a consecuencia de un terremoto y un maremoto.

En Santorín (Grecia), el hundimiento del centro del volcán dio origen a una caldera sumergida parcialmente. Aquí se observa el cráter y, en segundo término, el acantilado de la caldera dominado por la ciudad de Fira.

Pompeya, víctima del Vesubio

Pompeya, en Italia, constituye el testimonio más sobrecogedor de la furia de los volcanes. En el año 79 d. J.C., el Vesubio se despertó, enterrando todo cuanto había a su alrededor bajo metros de cenizas, piedra pómez y lodo. En la rica ciudad de Pompeya, las cenizas conservaron la silueta de cuerpos petrificados en plena agonía. La erupción fue descrita con precisión por Plinio el Joven, futuro escritor y cónsul, quien dio nombre al penacho de piroclástitos expulsados durante las erupciones explosivas: así, se habla de columna pliniana.

Krakatoa, montaña Pelada, Pinatubo...

«Krakatoa» sería el ruido emitido por este volcán indonesio cuando se pone furioso. Los días 27 y 28 de agosto de 1883, ¡su furia se escuchó a más de 4 500 km de distancia! Las ondas de choque de las ex-

LÉXICO

[Piedra pómez]
Roca volcánica porosa y muy ligera.

🖙 **Durante la erupción del Pinatubo** (Filipinas), en 1991, las proyecciones oscurecieron el cielo durante meses. Los alrededores quedaron recubiertos por un manto de cenizas volcánicas de entre 10 cm y 1 m de espesor, que llegaron a alcanzar las costas de China.

plosiones rompieron los cristales en un radio de 500 km. La nube volcánica, que alcanzó 40 km de altura, dio varias veces la vuelta a la Tierra. Los maremotos provocados por la caída al mar de enormes cantidades de piedra pómez fueron devastadores: éstos se consideraron la principal causa de la muerte de las 36 000 víctimas registradas. La erupción de la montaña Pelada, en la Martinica, marcó un hito en la historia de la vulcanología. El volcán, dormido durante largo tiempo, tenía una altura de 1 397 m y albergaba un lago en el que se bañaban los habitantes de Saint-Pierre, la ciudad más poblada de la isla, situada a sus pies. El 8 de mayo de 1902 la montaña explotó. Una nube de gas y de cenizas incandescentes se vertió a una velocidad de 160 km/h sobre la ciudad, que quedó destruida en pocos minutos. De los 30 000 habitantes, sólo sobrevivieron dos personas, una de las cuales era un prisionero encerrado en un calabozo de gruesas paredes. Los expertos, sorprendidos por el fenómeno, acudieron en masa al lugar de la catástrofe, lo cual dio lugar al primer gran estudio científico. La catástrofe del Pinatubo (Filipinas), en 1991, confirmó que las erupciones más importantes se producen a menudo en volcanes que llevan mucho tiempo dormidos. Afortunadamente, la erupción tardó dos meses en alcanzar su punto álgido, lo cual permitió evacuar a 200 000 personas de la zona en riesgo. El 15 de junio, un penacho de 40 km de altura vertió cenizas y piedra pómez sobre la región. Un ciclón (Yunya) le siguió, provocando coladas de lodo de ceniza devastadoras. A pesar de las precauciones la erupción del Pinatubo mató a más de 400 personas.

⌐ Algunos récords

El volcán apagado más alto: Nevado Ojos del Salado (Chile), 6 863 m. El volcán activo más alto: Antofalla (Argentina), 6 450 m. El volcán activo más grande: Mauna Loa (Hawai), 40 000 km³. La erupción con más muertes: Tambora (Indonesia), 92 000 muertos en 1815. La explosión más fuerte: Toba (Sumatra), hace 75 000 años, equivalente a 40 millones de bombas de Hiroshima.

El fuego de la Tierra

Los volcanes y los hombres

El sentimiento de los hombres hacia los volcanes oscila del temor a la fascinación. Actualmente, intentan dominar su energía, mientras siguen pagándoles un tributo muy elevado.

Un cuerno de la abundancia explosivo

A pesar de los riesgos que implica, centenares de millones de personas viven al pie de los volcanes. En efecto, allí la tierra presenta una fertilidad incomparable, debido a la riqueza de las cenizas en potasio, fósforo y calcio. Por ejemplo, Java, isla volcánica del archipiélago indonesio, ¡alberga 35 cráteres y concentra a 880 habitantes por km^2! Cuando un año es próspero, es posible realizar tres cosechas de arroz. En Italia, las tierras que rodean al Etna se encuentran entre las más fértiles de la cuenca mediterránea. En invierno, producen limones y naranjas en abundancia. La densidad de población de la zona bate récords: hay 500 000 personas viviendo en las inmediaciones del volcán.

Al pie del volcán **Merapi** (Indonesia), los cultivos de tabaco se extienden sobre una tierra fertilizada por las proyecciones ricas en minerales.

Metales y piedras preciosas

Los volcanes producen una gran cantidad de materias primas útiles o prestigiosas. La piedra pómez, por ejemplo, formada por espuma de lava, es una roca porosa con propiedades abrasivas. De forma más generalizada, las zeolitas, piedras porosas de origen volcánico, interesan cada vez más a los químicos por su capacidad de acelerar las reacciones. Se utilizan principalmente en los dispositivos descontaminantes (por ejemplo, en los tubos de escape) para destruir las moléculas tóxicas.

El azufre volcánico figura también entre las materias primas empleadas por la industria química. Se toma sobre todo de los alrededores del Kawah Idjen, en Indonesia, y en la mina de azufre más elevada del mundo, alrededor del Purico, en Chile.

Los volcanes son, asimismo, sede de reacciones que concentran los metales presentes en el manto en el interior de venas o de filones (cobre, oro, plata o mercurio). Los volcanes erosionados de la cordillera de las Cascadas, en el oeste de Estados Unidos, son el origen de la famosa «ruta del oro». Las fuertes presiones que los dominan permiten también la

🖼 **A los islandeses** les encanta reunirse y bañarse en las fuentes de agua caliente naturales presentes en casi todo el país.

cristalización de piedras de joyería como el topacio, la amatista o la piedra de luna. Los movimientos volcánicos permiten también que emerjan a la superficie diamantes creados a alta presión, a casi 3 000 km de profundidad.

Dominar la energía de los volcanes

En las regiones volcánicas, la proximidad de bolsas de magma calienta algunas fuentes de agua, en ocasiones a más de 300 °C. Cuando la temperatura supera los 100 °C, el vapor de agua se emplea para hacer girar las turbinas de las centrales eléctricas y producir electricidad. Estados Unidos es el mayor productor de electricidad de origen geotérmico del mundo, seguido por Filipinas e Italia.

En el caso de temperaturas más bajas, el agua es directamente utilizada como medio de calefacción: así, el 80 % de la población islandesa utiliza la geotermia para calentarse. El país produce igualmente frutos tropicales de invernadero gracias a esta energía barata.

En la actualidad, los estudios de investigación se centran en idear mecanismos que permitan captar directamente la energía de los volcanes sin necesidad de pasar por fuentes de agua caliente.

Termalismo en Budapest

La geotermia provoca la formación de fuentes calientes prácticamente por todo el mundo. En Budapest, por ejemplo, en el siglo I de nuestra era se construyeron baños destinados a la recuperación física de las legiones romanas de Panonia. La ciudad cuenta con numerosos establecimientos termales, uno de los cuales figura entre los más grandes de Europa.

LÉXICO

[Fumarolas]
Emisiones gaseosas de un volcán.

[Geotermia]
Conjunto de fenómenos térmicos internos del globo terrestre; también su estudio científico.

La Tierra es un planeta vivo. Su superficie sólida se renueva constantemente y se transforma debido a las fuerzas de convección que producen movimientos en el manto y lo someten a enormes tensiones. Cuando estas tensiones, acumuladas a lo largo de decenios, se desatan, provocan rupturas en la masa rocosa, las cuales se traducen en terremotos en la superficie. Si estos seísmos se producen cerca del océano pueden causar a su vez tsunamis que se estrellan contra las costas.

El seísmo que sacudió Japón en 1995 causó la muerte de 6 000 personas. En un país preparado para los seísmos, una cifra tan elevada demuestra la dificultad de hacer frente a tales riesgos.

Cuando la Tierra tiembla

El origen de los seísmos

La corteza terrestre evoluciona imperceptiblemente bajo el efecto de unas fuerzas colosales. Las rocas de la superficie se deforman y después se rompen provocando seísmos destructores.

Temblores casi permanentes

Un seísmo es un movimiento de la corteza terrestre que provoca sacudidas más o menos destructivas en la superficie del suelo. Este movimiento puede deberse en ocasiones a una erupción, a una explosión subterránea o al impacto de un meteorito, pero lo más habitual es que esté provocado por la ruptura de rocas en la profundidad. El origen de la ruptura, llamado «foco», se sitúa en el 95 % de los casos en la parte frágil de la litosfera, a menos de 60 km de la superficie. Los seísmos sacuden el planeta continuamente, pero la mayoría de las veces pasan desapercibidos ya que son demasiado débiles o bien afectan a zonas deshabitadas. Cada año, se registra una media de uno o dos terremotos muy importantes (magnitud superior a 8 en la escala de Richter), un centenar de importancia media (magnitud superior a 6) y 100 000 seísmos pequeños (magnitud superior a 3).

Los seísmos pueden provocar daños importantes (derrumbe de edificios, tsunamis, avalanchas y corrimientos de tierra), que por sí solos ya causan numerosas víctimas. En los últimos cien años, los seísmos han provocado la muerte de aproximadamente un millón y medio de personas.

Cuando las placas se fisuran

Según la teoría de la tectónica de placas, la parte frágil de la corteza terrestre (la litosfera) está dividida en una docena de placas principales que se mueven sobre una subcapa más fluida, la astenosfera. La frontera entre dos placas es una zona especialmente sensible. Si las dos placas se alejan, como es el caso de las dorsales oceánicas, las rocas fundidas procedentes del manto acaban formando un nuevo material litosférico. Si éstas convergen, una se sumerge debajo de la otra y se fusiona en la profundidad, mientras que la otra, elevada, formará una cadena montañosa. Por último, las dos placas también pueden deslizarse una en la otra. Entonces hablamos de límites de placas en transformación. En estos tres casos se ejerce una fuerte presión sobre las rocas de la superficie. Éstas se deforman de manera elástica

Magnitud e intensidad

La magnitud (medida de la energía liberada por el seísmo) se evalúa principalmente mediante la escala de Richter, que es logarítmica: pasar de una unidad a la superior multiplica la cantidad de energía por 10. Así, un seísmo de magnitud 5 libera tanta energía como una bomba similar a la de Hiroshima; un seísmo de magnitud 6 libera tanta como 10 bombas (el seísmo más importante, registrado en Chile en 1960, alcanzó una magnitud de 9,5). La intensidad de un seísmo mide los efectos del mismo (desde un temblor imperceptible hasta el derrumbamiento de edificios enteros), los cuales dependen, sobre todo, de la firmeza del suelo y de la distancia del foco. Para medirla, además de la escala de Mercallo, la más conocida, se utiliza la E.M.S (*European Macrosismic Scale*), que se basa en un cuestionario distribuido entre las poblaciones afectadas.

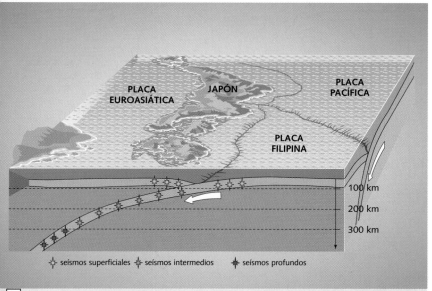

| ✧ seísmos superficiales | ✦ seísmos intermedios | ✱ seísmos profundos |

🔍 **A lo largo de la costa de Japón,** se encuentran tres placas litosféricas: en primer lugar, la placa pacífica, que se sumerge por debajo de la placa filipina, la cual hace lo mismo, a su vez, con la placa eurasiática, una placa continental más ligera. Se distinguen diferentes tipos de seísmos según la profundidad de su foco.

asta alcanzar un punto de ruptura a partir del cual se fracturan a ɔ largo de una o varias fallas. Entonces la tierra empieza a temblar. ambién puede ocurrir, aunque lo cierto es que es poco habi-ual, que se produzca un seísmo fuera de un límite de placa. En estos casos suele tratarse de una antigua cicatriz que cede debido a las fuerzas que se están ejerciendo en la placa.

LÉXICO

[Foco]
Lugar de inicio de la ruptura de un conjunto rocoso.

[Epicentro]
Punto de la superficie más próximo al foco.

[Epicentro macrosísmico]
Lugar de mayor intensidad percibida.

Un choque de alta energía

Cuando una ruptura afecta la corteza te-rrestre, la energía del choque se disipa en forma de calor y, de un 20 a un 30 %, por medio de vibraciones. Una parte de estas ondas (la más destructiva) viaja hacia la superficie del globo mientras que la otra ɔarte lo atraviesa. Por medio de la medición de estas ondas es ɔosible conocer la distancia que existe entre el foco sísmico y lo-alizarlo.

Mapa *(páginas siguientes)*

✳ *Según la teoría de la ectónica de placas (teoría que constituiría un modelo simplificado de la realidad), la corteza terrestre podría considerarse como un mosaico de placas en movimiento. Se tienen en cuenta una docena de placas principales, cuyo enfrentamiento provoca enormes tensiones (formación de fallas, plegamientos, estiramientos, aumentos o disminuciones de grosor) que son el origen de los distintos seísmos.*

PLACA EUROASIÁTICA

Prov. de Gansu
(1932: 70 000)
    Qinghai/Gansu
    (1927: 200 000)
      Prov. Shanxi
      (1920: 180 000)
        Tōkyō/Yokohama
        (1923: 143 000)
          Kōbe
          (1995: 6 432)   Sanraku (Japón)
                             (1896: 26 360
                             1933: 3 000)
    Tangshan   Tōkaidō (Japón)
    (1976: 800 000)   (1923: 2 144)
                    Nankaido (Japón)
                    (1946: 1 997)

Lituya Bay (Alaska)
(1964: 98)

San Fran
(1906: 2

PLACA PACÍFICA

México
(1985: 8 7

    Prov. Guangdong
    (1918: 10 000)   PLACA FILIPINA

Golfo de Moro   Hilo (Hawai)
(Filipinas)   (1946: 159)
(1976: 8 000)
              Papúa-Nueva Guinea
              (1998: 2 600)

PLACA
DE NAZCA

PLACA
INDOAUSTRALIANA

Zona de seísmos:

- Seísmos superficiales

  ⚹ Epicentro de los principales seísmos
     desde 1900

- Seísmos intermedios

- Seímos profundos

México (1985: 8 776):
Fecha del seísmo o del tsunami
y número de víctimas

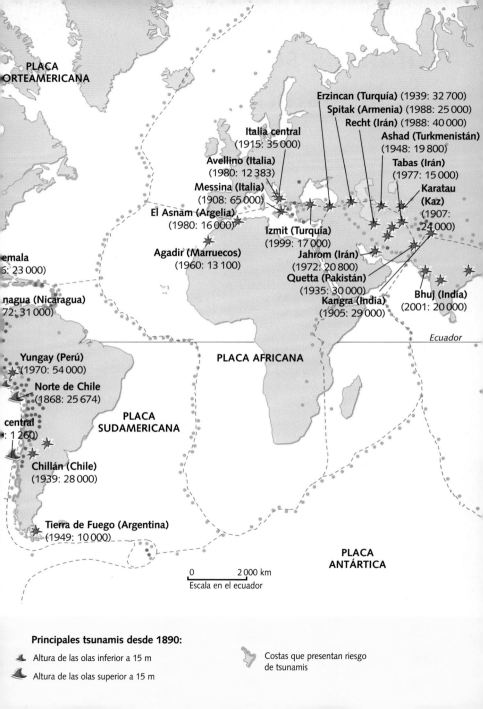

PLACA NORTEAMERICANA

Italia central (1915: 35 000)

Erzincan (Turquía) (1939: 32 700)
Spitak (Armenia) (1988: 25 000)
Recht (Irán) (1988: 40 000)
Ashad (Turkmenistán) (1948: 19 800)

Tabas (Irán) (1977: 15 000)

Avellino (Italia) (1980: 12 383)

Messina (Italia) (1908: 65 000)

Karatau (Kaz) (1907: 24 000)

El Asnam (Argelia) (1980: 16 000)

Izmit (Turquía) (1999: 17 000)

Agadir (Marruecos) (1960: 13 100)

Jahrom (Irán) (1972: 20 800)

Quetta (Pakistán) (1935: 30 000)

Kangra (India) (1905: 29 000)

Bhuj (India) (2001: 20 000)

emala 6: 23 000)

nagua (Nicaragua) 72: 31 000)

Ecuador

PLACA AFRICANA

Yungay (Perú) (1970: 54 000)

Norte de Chile (1868: 25 674)

PLACA SUDAMERICANA

central : 1 260)

Chillán (Chile) (1939: 28 000)

Tierra de Fuego (Argentina) (1949: 10 000)

PLACA ANTÁRTICA

0 — 2 000 km
Escala en el ecuador

Principales tsunamis desde 1890:

Altura de las olas inferior a 15 m

Altura de las olas superior a 15 m

Costas que presentan riesgo de tsunamis

Grandes seísmos de la historia

La cólera de la Tierra ha marcado la historia de la humanidad.
Los terremotos y los tsunamis pueden afectar prácticamente
a todas las regiones del planeta.

Europa, afectada, se interesa por el tema

Las observaciones empíricas de terremotos en Europa antes del siglo XVIII son escasas. En esa época, se basaban esencialmente en los escritos y las teorías de Aristóteles y de Plinio. En 1750, Inglaterra sufrió cinco importantes terremotos. El 1 de noviembre de 1755, un choque cataclísmico provocó un tsunami que rompió sobre las costas portuguesas, anegó Lisboa y mató a 70 000 personas. Estos dos acontecimientos suponen el nacimiento de la sismología moderna. Los primeros estudios sobre la localización, duración y efectos de los seísmos fueron realizados principalmente por el británico John Michell y el suizo Elie Bertrand.

🔍 **Una calle de Kōbe**, el puerto más grande de Japón, tras el seísmo del 17 de enero de 1995.

China se protege

China reúne las dos catástrofes más mortíferas de la historia: en 1556, un seísmo mató a 830 000 personas en Shanxi y en Henan. En 1976, hubo el mismo balance de muertos en la región de Tang shan. Desde hace miles de años, el país intenta protegerse. En este sentido, destaca el descubrimiento de un recipiente detector de seísmos que data de principios de nuestra era: éste muestra unos dragones que llevan en el cuello una bola en equilibrio que se cae al mínimo temblor. Actualmente, además de numerosas estaciones científicas, una red de voluntarios supervisa cualquier modificación sospechosa: ruidos subterráneos, el comportamiento de los animales, etc. En 1975, se realizó una evacuación cinco horas aproximadamente antes del choque, lo cual permitió salvar miles de vidas humanas.

San Francisco en ruinas

El 18 de abril de 1906, hacia las 5 de la madrugada, unos choques violentos, de entre 45 y 60 segundos de duración, afectaron la bahía de San Francisco. En su punto álgido el seísmo fue percibido en un radio de unos 500 km, desde el sur de Oregón hasta el sur de Los Ángeles por la costa y hasta el centro de Nevada en el interior. Una falla de 470 km de longitud se abrió cerca de San Francisco, donde se declaró un incendio que duró cuatro días. La región tuvo que lamentar la muerte de 3 000 personas y la destrucción de 28 000 edificios. La catástrofe supuso un giro en el estudio de los seísmos. La

Tras el seísmo de 1906, la ciudad de San Francisco sufrió un incendio devastador.

bservaciones establecieron, en efecto, una correspondencia sorprendente entre la grave-
ad de los daños y las condiciones geológicas del subsuelo. Además, los edificios que an-
es estaban alineados ya no lo estaban después de la catástrofe. El profesor Harry Fielding
.eid dedujo de sus observaciones que los terremotos son consecuencia de las tensiones
ue se acumulan a lo largo de varios años en el interior de la corteza terrestre.

Chile: la sacudida más fuerte de la historia

n 1960, Chile sufrió el seísmo más fuerte que se conoce hasta el momento. La serie de
acudidas empezó el 21 de mayo. La zona de ruptura de la falla alcanzó una longitud de
000 km. Pero, además, un enorme tsunami anegó las costas del litoral pacífico. En
Chile, el seísmo provocó 1 500 muertos y destruyó 60 000 casas. El
tsunami causó 61 muertos en Hawai, 200 en Japón y 32 en Filipinas. En Hawai, bloques rocosos procedentes de un dique de una
veintena de toneladas fueron transportados hasta una distancia de
180 m hacia el interior. En Chile, se observaron importantes modifi-
aciones del relieve: la caída de rocas y el corrimiento de tierras crearon un lago en el río
an José. El 24 de mayo, el volcán Puyhue entró en erupción.

LÉXICO

[Sismología]
Ciencia que estudia los
terremotos.

La India bajo el choque

n enero de 2001, la India acababa de iniciar las celebraciones del día de la república
uando un terremoto sacudió todo el subcontinente. El epicentro se localizó a lo largo de
. frontera con Pakistán, en el norte de la provincia de Gujerat. Hubo descarrilamientos de
enes, la ciudad de Bhuj, con 150 000 habitantes, quedó en ruinas y la región tuvo que
mentar 20 000 muertes. El seísmo alcanzó una magnitud de 7,7.

Los tsunamis: olas destructoras

Cuando se produce un seísmo cerca de un océano, existe un gran riesgo de ver romper, en las orillas más próximas, olas de una altitud y una potencia excepcionales: los tsunamis.

Olas mortales

El término *tsunami* proviene del japonés *tsu* («puerto») y *nami* («ola»). Designa una ola o una serie de olas, del mar o de un lago, que rompen en la costa provocando importantes daños materiales y humanos. Los tsunamis nacen de una perturbación brutal que desplaza una gran cantidad de agua: terremotos, corrimientos de tierra, caída de materiales expulsados por la erupción de un volcán, explosiones nucleares o incluso la caída de un meteorito. El 80 % de los tsunamis afectan al océano Pacífico.

Escenario de la catástrofe

Cuando un tsunami se forma en alta mar, éste pasa prácticamente desapercibido. Sin embargo, se desplaza rápidamente hacia zonas más sensibles, recorriendo miles de kilómetros a una velocidad proporcional a la profundidad del agua. En el Pacífico, por ejemplo, donde la profundidad alcanza los 5 000 m, las olas se desplazan a unos 800 km/h, separadas cada una por uno

En 1868, un seísmo sacudió la costa chilena y peruana. Provocó un enorme tsunami transpacífico que arrasó el puerto de Arica (Chile), destruido por la sacudida minutos antes.

Dar la señal de alarma

En el Pacífico, 26 estados participan en el Tsunami warning system, un sistema encargado de dar la alarma a las poblaciones en caso de riesgo inminente de tsunami. El centro, con base cerca de Honolulu, en Hawai, recoge los datos de las estaciones marítimas y sísmicas de todo el litoral pacífico. Desde que empiezan a notarse los inicios de un seísmo, se calcula y localiza el riesgo de que se produzca un tsunami. Se da la señal de alarma a los navegantes y a las poblaciones costeras para que puedan refugiarse en las alturas.

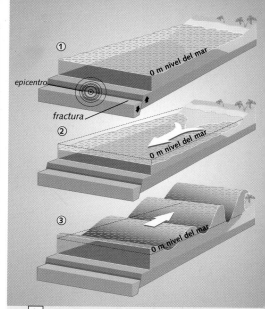

200 km de distancia. Cerca de las costas, la velocidad disminuye pero la altitud de las olas aumenta. Así, pueden alcanzar los 10, 20, ¡e incluso los 30 m! En Japón, en 1771, un seísmo provocó la ola de tsunami más alta que se conoce: 84 m... Al llegar a la costa, las olas adquieren una silueta típica bajo el efecto de un fenómeno llamado refracción: los diferentes niveles de la ola no están sometidos a las mismas presiones; la cresta, por ejemplo, se desplaza más rápidamente que la base, frenada por los roces y las turbulencias que se crean al entrar en contacto con el fondo. Las diferencias de velocidad de estos distintos niveles son las que provocan el pliegue de la ola sobre sí misma.

Un seísmo provoca el desplazamiento vertical de una columna de agua. La perturbación, prácticamente imperceptible en alta mar, se amplifica al llegar al litoral. La escasa altura del agua y la fricción provocan una ola gigantesca.

Al llegar a la orilla, el mar se retira bruscamente, antes de regresar bajo la forma de una pared líquida con una fuerza inimaginable. En 1883, la erupción del Krakatoa, en Indonesia, provocó un terrible tsunami. Un barco militar, el *Berow*, que fondeaba en las proximidades, fue encontrado a 3 km hacia el interior, a 9 m por encima del nivel del mar.

Escala de intensidad de Imamura y Lida

Magnitud	Dimensión de las olas en alta mar	Dimensión de las olas en la costa	Efectos
0	hasta 0,10 m	1 m	Ausencia de daños.
1	hasta 0,25 m	2 m	Casas costeras y navíos afectados.
2	hasta 0,50 m	4-6 m	Destrucción de barcos, posibles víctimas.
3	hasta 1 m	10-20 m	Destrucciones sobre 200 km de costas.
4	hasta 2 m	30 m	Destrucciones sobre 500 km de costas.

Aunque es inasible, el aire obedece a unas estrictas leyes físicas: se desplaza bajo el efecto de la temperatura, elevándose con el calor y descendiendo con el frío. Estos movimientos de convección, asociados a la rotación de la Tierra, son los que originan los vientos. Los vientos reciben numerosas influencias (proximidad de un océano o de montañas, inclinación del globo terráqueo) que conducen a la aparición de fenómenos en ocasiones violentos: tempestades, tormentas, tornados, ciclones... Múltiples posibilidades climáticas que las simulaciones numéricas delimitan cada vez más.

El huracán Georges, que asoló las Pequeñas Antillas y después la costa americana en setiembre de 1998, sopló de forma continua a 240 km/h con ráfagas de 305 km/h.

Cuando el viento se enfurece

El origen del viento

El viento nace de la diferencia de temperatura entre dos masas atmosféricas. Su evolución está condicionada por el movimiento del globo terráqueo y las irregularidades geográficas.

Aire en movimiento

Cuando se calienta una mezcla como el aire, sus distintos componentes moleculares se agitan. Los choques entre las moléculas aumentan, aunque al mismo tiempo éstas se alejan unas de otras: la mezcla gaseosa pierde su densidad. Cuando una masa de aire se calienta por efecto de los rayos del sol o al entrar en contacto con un medio caliente, se vuelve más ligera y asciende. En las alturas, se enfría y desciende de nuevo. Así, la Tierra, que está en constante rotación, ha girado ligeramente sobre sí misma. Esta masa de aire vuelve a descender más hacia el

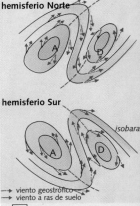

hemisferio Norte

hemisferio Sur

isobara

viento geostrófico
viento a ras de suelo

Las isobaras unen los puntos de presión idéntica. En el hemisferio Norte, los vientos a ras de suelo giran en el sentido de las agujas del reloj alrededor de un anticiclón y en sentido inverso alrededor de una depresión. En el hemisferio Sur se observa el fenómeno contrario.

Depresión en el hemisferio Norte.

este si se encuentra en el he misferio Norte y hacia el oest si se sitúa en el hemisferio Su En el lugar en el que se ha ca lentado el aire, se crea un zona de baja presión (o de presión). Donde el aire frí desciende aparece, en cambic una zona de alta presión (e decir, un anticiclón). De form

Efecto de foehn

Cuando una cadena montañosa obstaculiza un viento dominante, se produce un «efecto de foehn»: la masa de aire se acumula en la ladera de la montaña y se enfría. El vapor de agua que ésta transporta se condensa y provoca un chaparrón. Al descomprimirse, dicha masa de aire asciende, franquea la cadena montañosa y vuelve a descender por la otra vertiente en la que, debido al aumento de su presión, alcanza una temperatura muy superior a la que tenía, a la misma altitud, en el otro lado de la montaña.

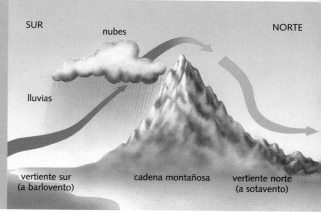

SUR

nubes

NORTE

lluvias

vertiente sur
(a barlovento)

cadena montañosa

vertiente norte
(a sotavento)

espontánea, un fluido tiende a restablecer una presión homogénea entre todas sus partes: las masas de aire abandonan, pues, los anticiclones para ir hacia las depresiones. Estos grandes principios conforman la base de los movimientos de aire generales, pero se ven constantemente obstaculizados por una cantidad de fenómenos locales cuyos efectos se acumulan.

Viento marino

Una de las principales perturbaciones locales proviene de los distintos comportamientos térmicos del suelo y del agua. En efecto, el suelo cambia rápidamente de temperatura, mientras que el agua varía de manera más lenta: su capacidad térmica es mayor. Durante el día, y de forma más general durante todo el verano, las masas de aire oceánicas son menos cálidas que las masas de aire continentales. Esto se traduce en una entrada de aire húmedo desde el océano hacia la tierra (fenómeno que origina los monzones africano y asiático). La ilustración más sorprendente de este principio es la alternancia brisa de mar-brisa de tierra: de día, el viento —la brisa del mar— sopla desde el mar hacia el interior de la tierra (donde el aire se calienta más deprisa); la brisa de tierra sigue el camino inverso por la noche, desde la tierra (donde se enfría rápidamente) hacia el mar.

Laberinto montañoso

Las montañas constituyen un obstáculo importante para las masas de aire en movimiento. Según su dirección, los vientos pueden ser desviados, considerablemente ralentizados o bien acelerados si van en dirección a los cuellos de botella que se producen en algunos valles. Estas condiciones concretas potencian la creación de sistemas de vientos locales, en ocasiones muy complejos.

Mapa *(páginas siguientes)*

Si los ciclones tropicales van de este a oeste, las tormentas de las regiones templadas soplan, en general, de oeste a este: entre 35 y 70° de latitud, adquieren una forma muy violenta en el hemisferio Sur (40° rugientes y 50° aulladores). Los tornados tienen un carácter local: se observan muchos en Estados Unidos, pero también afectan a otras regiones del mundo.

Ciclones, tormentas y tornados

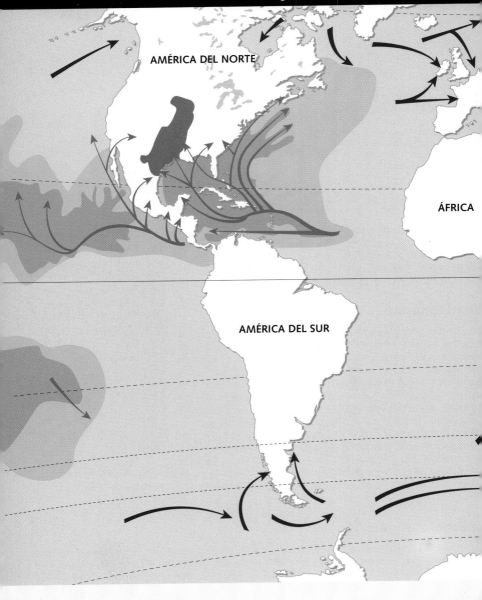

AMÉRICA DEL NORTE

ÁFRICA

AMÉRICA DEL SUR

Zonas de ciclones tropicales:

◻ Moderados

◼ Fuertes o muy fuertes

⟶ Trayectorias de los ciclones tropicales
⟶ Trayectorias de las tormentas de las zonas templadas

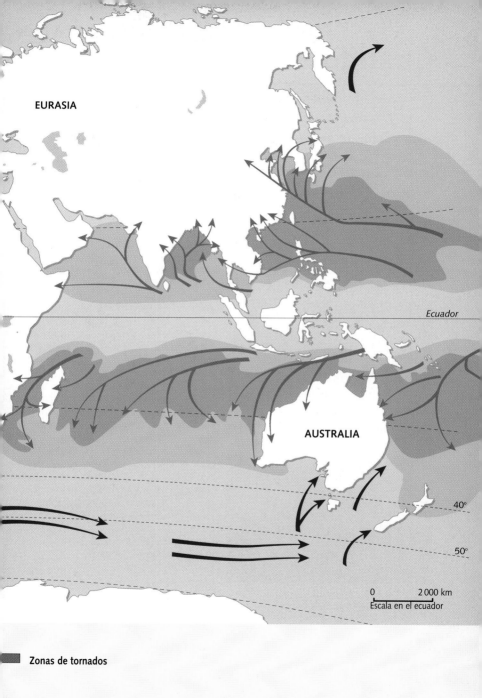

EURASIA

Ecuador

AUSTRALIA

40°

50°

0   2 000 km
Escala en el ecuador

Zonas de tornados

Cuando estalla la tormenta

Relámpagos, truenos, lluvias violentas: la tormenta provoca unos fenómenos impresionantes. Para estallar, necesita que se produzcan unas condiciones muy concretas.

Formación de una tormenta

Las tormentas se producen, generalmente, al final de un día especialmente cálido. En ese momento, el suelo libera vapor de agua que se eleva hacia la atmósfera para así alcanzar regiones más frías, donde se condensa: el agua pasa de un estado gaseoso a un estado líquido bajo la forma de minúsculas gotitas en suspensión en el aire. Aparece una nube. Las gotitas de la base de la nube, más calientes y más ligeras, tienen tendencia a ascender, lo que provoca la condensación del vapor de agua. Este cambio de fase libera energía, la cual acelera los movimientos ascendentes. ¡Éstos pueden alcanzar los 160 km/h! La nube se hincha hasta convertirse en un enorme cumulonimbo que adopta la forma vertical de una inmensa torre. Las numerosas gotas de agua que contiene detienen los rayos de sol, lo que le da un aspecto muy sombrío. Su cima puede alcanzar una altura de entre 8 y 15 km. A esta altura, las gotitas de la nube se han unido y, en ocasiones, congelado. A causa del peso caen, atravesando la masa de la nube hacia abajo. La fricción entre los flujos ascendentes y los flujos descendentes genera electricidad, por lo que se acumulan cargas eléctricas. Así, ¡la energía contenida en algunas nubes de tormenta es comparable a la de varias bombas similares a la de Hiroshima! Cuando la diferencia de potencial con el suelo es demasiado fuerte, pasa la corriente: se trata de los relámpagos.

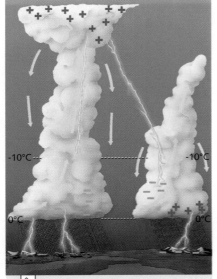

🔍 **Las nubes altas y cargadas de electricidad** que se forman facilitan el paso de la electricidad entre dos partes de una misma nube, entre dos nubes o entre una nube y el suelo.

Diluvio de agua o de granizo

En la cima de la nube se acumulan grandes gotas de agua, a veces heladas. Cuando éstas alcanzan un peso considerable, acaban cayendo, cruzando la nube y provocando

🌩 **Los cumulonimbos** pueden alzanzar hasta 10 km de altitud en las regiones templadas y entre 16 y 17 km en las regiones intertropicales (aquí, en Namibia).

chaparrones de lluvia o de granizo, en ocasiones muy violentos. Una tormenta puede dejar caer entre 50 y 100 l/m² en pocas horas. Estas precipitaciones hacen descender en picado la temperatura del aire y este enfriamiento localizado aumenta la velocidad del viento.

Así, durante la tormenta que se produjo en el aeropuerto de Toulouse-Blagnac el 7 de agosto de 1989, ¡la temperatura descendió de 29 a 16 °C en 6 minutos y granizos con unas dimensiones de 3 cm compartían su presencia con un viento de más de 140 km/h!

Granizo devastador

En teoría, el agua se congela a 0 °C. Sin embargo, es posible que se mantenga líquida en un estado inestable a temperaturas muy inferiores. Este fenómeno, llamado «sobrefusión» tiene lugar por ejemplo en las nubes de tormenta, en cuyo interior algunas gotas de agua alcanzan los −40 °C. En cuanto entran en contacto con un trozo de hielo, éstas se congelan y se agregan a la masa. Así es como el granizo aumenta de tamaño, pudiendo alcanzar varios centímetros de diámetro. Cuando su peso empieza a ser demasiado grande, cae. Al encontrarse con temperaturas más elevadas, se funde parcialmente antes de llegar al suelo.

Truenos: una bomba de relojería

El relámpago es una descarga eléctrica que provoca un recalentamiento repentino e intenso. El aire se dilata muy rápidamente, como si explotara una pequeña bomba. Se forma una onda de choque que se propaga hasta hacer vibrar los tímpanos: se trata del trueno.

Puesto que esta onda se desplaza a menor velocidad que la luz, el sonido del trueno nos llega con retraso con respecto a la percepción del relámpago que lo provoca.

Cuando el viento se enfurece

El origen de los ciclones

Al final del verano, el contacto entre el agua de mar todavía caliente y una atmósfera que ya se ha enfriado genera una energía colosal que es el origen de ciclones en ocasiones devastadores.

Retrato de un asesino

Un ciclón tropical es una perturbación en forma de remolino que nace en la zona situada entre el trópico de Cáncer y el trópico de Capricornio, excluyendo una franja de 500 km a ambos lados del ecuador. Hablamos de depresión tropical si la velocidad del viento es inferior a 62 km/h y de tormenta tropical cuando la velocidad está comprendida entre los 62 y los 117 km/h. El término huracán se reserva para los ciclones especialmente violentos cuyos vientos superan los 117 km/h. Se registran unos cincuenta huracanes al año, el 70 % de los cuales afecta al hemisferio Norte. Los más violentos se localizan al noroeste del Pacífico. Un huracán se caracteriza por una gran masa nebulosa de 500 a 1 000 km de radio que forma una espiral alrededor de un gran «ojo» cuyo tamaño puede oscilar entre los 10 y los 50 km. En el interior del ojo del ciclón, el viento es débil y la presión mínima. A su alrededor, reinan los vientos y las precipitaciones intensas.

Nacimiento en el mar

Los ciclones nacen de la diferencia de temperatura entre el agua y el aire. A finales del vera-

Las tres espirales blancas indican las posiciones del ciclón Andrew los días 23, 24 y 25 de agosto de 1992, a medida que penetraba en el golfo de México antes de alcanzar las costas de Florida.

no, mientras que el agua, al haber almacenado el calor del Sol durante meses, sobrepasa los 26 °C, el aire, que reacciona con mucha mayor rapidez a los cambios de temperatura, ya se ha enfriado. Así, el vapor de agua liberado por el océano se condensa rápidamente al entrar en contacto con el aire. Para que se produzca un ciclón, la condensación, que libera energía, ¡puede llegar a proporcionar una cantidad de energía superior a la producción anual de electricidad de Estados Unidos! Esta energía calienta el aire, creando una zona de presión muy baja cerca de la superficie del océano, depresión en la que se introduce el aire circundante. Además, dicho aire está sometido a la fuerza de Coriolis, generada por la rotación de la Tierra y que provoca el movimiento de los

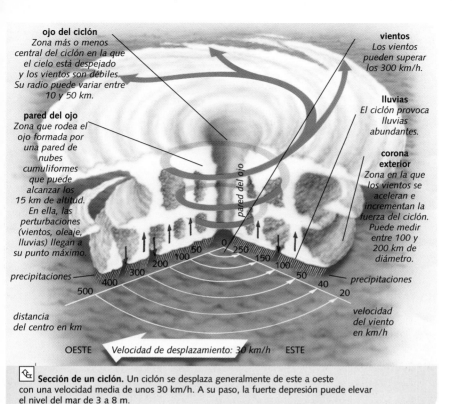

ojo del ciclón
Zona más o menos central del ciclón en la que el cielo está despejado y los vientos son débiles. Su radio puede variar entre 10 y 50 km.

pared del ojo
Zona que rodea el ojo formada por una pared de nubes cumuliformes que puede alcanzar los 15 km de altitud. En ella, las perturbaciones (vientos, oleaje, lluvias) llegan a su punto máximo.

vientos
Los vientos pueden superar los 300 km/h.

lluvias
El ciclón provoca lluvias abundantes.

corona exterior
Zona en la que los vientos se aceleran e incrementan la fuerza del ciclón. Puede medir entre 100 y 200 km de diámetro.

pared del ojo

precipitaciones

precipitaciones

500 400 300 200 100 50 0 250 150 100 50 40 20

distancia del centro en km

velocidad del viento en km/h

OESTE Velocidad de desplazamiento: 30 km/h ESTE

Sección de un ciclón. Un ciclón se desplaza generalmente de este a oeste con una velocidad media de unos 30 km/h. A su paso, la fuerte depresión puede elevar el nivel del mar de 3 a 8 m.

fluidos hacia la derecha en el hemisferio Norte y hacia la izquierda en el hemisferio Sur. El movimiento descendente debido a la depresión, combinado con la fuerza de Coriolis, se transforma en un torbellino. Los vientos y la fuerza de Coriolis se encargan entonces de desplazar el fenómeno ciclónico, que a menudo sigue un recorrido parabólico, aunque a veces también puede ser atípico: algunos huracanes pueden cambiar radicalmente de dirección, incluso efectuar giros o retroceder. La intensidad del ciclón disminuye en cuanto éste abandona el océano para pasar por encima de una zona continental, lo cual explica que los daños que provoca se cirsunscriban a una distancia de 200 km desde el litoral hacia el interior.

Efectos múltiples
Los huracanes se acompañan de vientos de más de 120 km/h, capaces de arrancar árboles y derribar edificios. Éstos pueden degenerar en tornados más localizados. Las lluvias torrenciales que les acompañan también pueden provocar terribles corrimientos de tierra. Pero el fenómeno más mortal asociado a los huracanes es la marea de tormenta: se trata de una elevación anormal del nivel del mar causado por la depresión, la cual actúa como una enorme ventosa sobre la superficie del agua. Una marea de este tipo provocó la muerte de 300 000 personas en Bangla Desh en 1970 y de 10 000 más en la India en 1999.

Grandes ciclones de la historia

Algunas regiones pasan cada año por una estación de ciclones. En los trópicos, las islas y las regiones costeras conservan en su memoria los recuerdos más dramáticos.

El ciclón de Bathurst Bay

El 4 de marzo de 1899, el ciclón Mahina alcanzó las costas australianas. Los testimonios de la época recuerdan una marea de tormenta excepcional: 14 m en la bahía de Bathurst (Bathurst Bay). La inmensa ola acabó con 152 barcos y más de 300 marineros. Tras su paso, se encontraron barcos y animales (entre ellos, delfines) a varios kilómetros en el interior de la costa y a algunos metros de altitud. Asimismo, también perecieron un centenar de aborígenes que vivían en la selva cercana.

Bangla Desh, afectado periódicamente

Bangla Desh sufre con regularidad el asalto de ciclones procedentes de la bahía de Bengala. Para este país, 1971, 1977 y 1999 son años negros. Pero el ciclón más destructivo fue el de 1970, durante el cual perecieron entre 300 000 y un millón de personas. La región, superpoblada a causa de la agricultura (arrozales), quedó totalmente destruida; los cultivos y las infraestructuras de la costa fueron arrasados. Este ciclón y la guerra de independencia que le siguió inscribieron a este país, que se había acabado de constituir, en la lista de los más pobres del planeta.

A principios de la década de los noventa, y con la ayuda de organizaciones occidentales, el gobierno local inició la necesaria construcción de numerosos refugios anticiclónicos.

📷 **El ciclón Andrew** es, sin duda, el que más daños materiales ha provocado en toda la historia. El coste de su paso, en 1992, por las Bahamas, Florida y Luisiana se estimó en 30 000 millones de dólares.

LÉXICO

[Tifón]
Nombre de los ciclones en Extremo Oriente.

⌖ **Entre 1973 y 1997**, Bangla Desh sufrió tres temporales, cuatro inundaciones, un tsunami y dos ciclones que dejaron a su paso un total de 400 000 muertos y 42 millones de afectados (aquí, tras el ciclón y el maremoto de abril de 1991).

Hugo, un recuerdo siniestro

El 9 de setiembre de 1989, una masa de cumulonimbos inofensiva abandonó el continente africano a la altura de Senegal. Dos días más tarde, estas nubes provocaron una depresión tropical que, tras pasar al sureste de las islas de Cabo Verde, se transformó rápidamente en un huracán: Hugo. Este ciclón pertenece a la numerosa familia de ciclones del tipo Cabo Verde (conocida como «ondas africanas del este») que nacen de una inestabilidad en la capa inferior de la troposfera debido al contraste térmico entre el calor que existe en el sur del Sahara y la temperatura más fresca del golfo de Guinea.

El huracán tardó siete días en cruzar el Atlántico. Alcanzó Guadalupe el 16 de setiembre. A pesar de la destrucción de la estación meteorológica de la isla, se pudieron tomar medidas: se calcula que los vientos, globalmente de 220 km/h, pudieron alcanzar ráfagas de 300 km/h, destruyéndolo todo a su paso. Se registró una marea ciclónica de 3 m que arrastró a los barcos hasta 2,50 m por encima del nivel del mar. El huracán se debilitó rápidamente tras llegar a Carolina del Sur el 22 de setiembre.

⌐Tristes récords

➜ El ciclón más intenso, es decir el que generó los vientos más fuertes jamás registrados, fue el Tip, con vientos que alcanzaron los 305 km/h (noroeste del océano Pacífico, 12 de octubre de 1979). Tip también es considerado el ciclón más importante, con un diámetro de vientos superiores a los 60 km/h y un diámetro de 2 200 km.

➜ Por su parte, el tifón Forrest, que arrasó la misma zona en setiembre de 1983, ostenta el récord de la intensificación más rápida: los vientos más fuertes pasaron de 120 a 285 km/h en 24 horas.

➜ La marea de tormenta más alta fue la provocada por el ciclón de Bathurst Bay (Australia), en 1899: 14 m.

➜ El ciclón John, que evolucionó en el litoral boreal del océano Pacífico en agosto y setiembre de 1994, tuvo una vida excepcionalmente larga: 31 días.

Los temporales

Los trópicos tienen sus ciclones y las regiones templadas sus temporales. Temporales que estallan en el continente después de haber cruzado unos corredores oceánicos muy especiales.

El encuentro entre el frío y el calor

Los temporales nacen de pequeñas perturbaciones que se crean en la frontera entre dos masas de aire de temperaturas distintas. Las masas de aire son zonas de la atmósfera relativamente homogéneas en cuanto a temperatura y presión. Una masa de aire caliente contiene más vapor de agua que una masa de aire frío y se caracteriza por tener una presión más baja. Las zonas de transición brusca entre dos masas de aire se denominan frentes atmosféricos. Cuando un frente de este tipo experimenta perturbaciones, pueden crearse torbellinos, que se traducen en vientos fuertes. Paralelamente, la humedad de la masa caliente se condensa al entrar en contacto con el frente frío, lo cual provoca precipitaciones.

A finales de otoño, se produce un gran contraste de temperatura entre las masas de aire tropicales, calentadas por el océano, y las masas polares, que ya están muy frías. Este contraste desestabiliza el frente y provoca perturbaciones.

Por corredores

Los temporales nacen lejos de la zona en la que estallan. Por ejemplo, los temporales que afectan a Europa proceden de perturbaciones aparecidas en Terranova; éstos atraviesan el Atlántico en algunos días, siguiendo un corredor de progresión que se extiende más o menos sobre el paralelo 50. Los corredores de este tipo funcionan en cierto modo como una cinta transportadora cuyo motor estaría situado a 9 km de altitud: se trata

Esta imagen satélite coloreada muestra un importante temporal formado sobre el estrecho de Bering, por encima de la península de Kamchatka, el 2 de abril de 1978.

El temporal del siglo

El 26 de diciembre de 1999, una depresión muy profunda cruzó el norte de Europa, desplazándose a una velocidad de 100 km/h. Los archivos meteorológicos nunca habían registrado una violencia tal, con vientos que a menudo soplaban a más de 150 km/h. Este temporal sorprendió a todo el mundo por su violencia, pero también por su rapidez (¡cruzó el Atlántico en 24 horas!). Tras haber recorrido el norte de Francia, cruzó las fronteras alemana y suiza para acabar muriendo en Austria. Los daños fueron considerables en los diversos países afectados, que registraron una cifra aproximada de 150 fallecidos y vieron cómo bosques enteros fueron devastados y monumentos históricos dañados. En la República Checa, las carreteras quedaron bloqueadas a causa de una tormenta de nieve. Aunque ya era violento en la costa, el temporal acentuó su virulencia una vez en tierra, seguramente debido a una interacción directa con las corrientes en chorro de altitud, que eran próximas a los 400 km/h.

El 29 de diciembre de 1999, cuatro días después del temporal que asoló Francia, el bosque de Haye, cerca de Nancy (Francia), aparece en la fotografía devastado.

de las corrientes en chorro, unos tubos de viento muy fuerte capaces de proporcionar a las depresiones que se desplazan la energía necesaria para progresar, para acabar aumentando su amplitud y, si es necesario, estallar sobre el continente.

Los corredores funcionan como el lecho de un río: a su entrada, al oeste, el viento acelera como en una zona de confluencia. A la salida, al este, la corriente se extiende y las velocidades disminuyen. En estos corredores, los temporales se suceden a un ritmo de uno al día en invierno. No obstante, la mayor parte se pierde en el mar.

Los corredores, relativamente constantes, son modulados por las depresiones que transportan. Así, el corredor atlántico puede desembocar en Inglaterra, aunque en ocasiones también se puede extender hasta Alemania, o dividirse en dos ramas.

Puesto que el corredor aporta humedad a las regiones que atraviesa, su estructura determina el tipo de invierno que va a instalarse sobre los diferentes países: suave y húmedo o seco y frío.

Cuando, por ejemplo, el corredor se dirige hacia Francia, provoca generalmente temporales que atraviesan el país en 3 días con una orientación suroeste-noreste y una velocidad del orden de 50 km/h. Estos temporales duran entre varios días y una semana.

Cuando el viento se enfurece

Los tornados

Los tornados, consecuencia de una inestabilidad local,

pueden llegar a ser muy violentos a pesar de su reducido tamaño.

Un tamaño que los convierte en prácticamente imprevisibles.

Entre el cielo y la tierra

Un tornado es una columna de aire que gira de forma violenta. Este torbellino, que se desplaza por el suelo, está unido a una nube. Por lo general, se trata de una nube de tormenta, un cumulonimbo. El tornado obtiene su energía de la tensión creada por unas condiciones de temperatura, de presión y de humedad extremadamente diferentes entre la nube y la superficie del suelo. Así pues, estas diferencias llevan al aire bajo presión a introducirse en las zonas de baja presión al mismo tiempo que gira. Los vientos generados suelen soplar a menos de 160 km/h pero de forma excepcional pueden superar los 400 km/h.

Los tornados se distinguen de otros fenómenos del mismo tipo por el hecho de estar muy localizados y desarrollarse a pequeña escala: se desplazan generalmente a lo largo de algunos kilómetros sobre el suelo y su diámetro no suele superar los 100 m. Sin embargo, algunos, de gran envergadura, permanecen en contacto con el suelo a lo largo de más de 80 km y alcanzan 1 km de amplitud.

La formación de un tornado

Varios elementos dan lugar a la formación de un tornado: una humedad importante en el suelo, la llegada de una masa de aire seco y una atmósfera inestable (es decir, una atmósfera en la que la temperatura desciende rápidamente con la altitud).

El aire cálido y húmedo es propulsado hacia las alturas por la llegada de un frente seco y frío. Gana altitud rápidamente y comienza a saturarse a causa

Los **tornados**, de pequeñas dimensiones, liberan energía procedente de la tensión existente entre la tierra y la atmósfera.

del descenso de tempera-
tura. El agua de la masa
caliente se condensa y forma una nube cargada de
gotitas. Esta ascensión rápida provoca una brusca
depresión bajo la nube, en
la que los vientos se intro-
ducen al tiempo que giran.
Se forman uno o varios
tornados de forma per-
pendicular a la nube. Éstos
pueden ser visibles (como
si estuvieran formados
por humo), o prácticamen-
te invisibles. En este último
caso, su presencia se hace
presente únicamente por
os círculos de polvo que
se forman en el suelo.
Los tornados también pue-
den ir asociados a tormentas
ocales. En estos supuestos
adquieren mayor amplitud y
duran más tiempo.

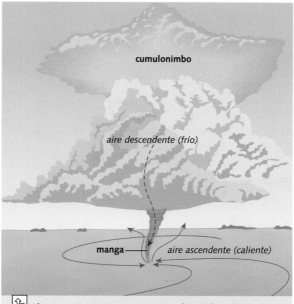

cumulonimbo

aire descendente (frío)

manga — aire ascendente (caliente)

Al entrar en contacto con una masa de aire frío, el aire caliente forma un torbellino ascendente en el que se introduce el aire frío descendente.

Fenómenos difíciles de prever

Los modelos numéricos utilizados por los programas de los meteorológos funcionan a partir de una franja de territorio relativamente extensa (varios kilómetros). A esta esca-la, los tornados son invisibles. Los responsables de realizar las previsio-nes se limitan, pues, a supervisar la manifestación de las condiciones susceptibles de provocar la aparición de estos fenómenos. Así, el golfo de México es una zona sensible. El océ-ano, que calienta la atmósfera, pro-duce un aire cálido y húmedo. Las montañas y los desiertos del interior generan, en cambio, masas de aire muy seco. Cuando estas dos masas se encuentran, se forma un frente conocido como «línea seca», muy favorable a la formación de torna-dos importantes.

Los diablos del desierto

El aire seco y cálido que hay encima del desierto produce manifestaciones muy curiosas. En pleno día, el aire seco puede verse perturbado por una brisa ligera

del desierto. Su asociación provoca minitornados, torbellinos de polvo y arena. Estos pequeños tornados, que no son peligrosos, puesto que sus vientos raramente superan, sin embargo, los 50 km/h, pueden provocar una fuerte impresión en el espíritu de los viajeros.

Cuando el viento se enfurece **51**

Desde su creación, la Tierra contiene 1 384 km³ de agua. Esta agua es en un 97 % salada, y forma los océanos y los mares. El 3 % restante se encuentra en gran parte en el hielo, en los polos o en la cima de las montañas. El agua dulce líquida (capas subterráneas, humedad del suelo, lagos, ríos...) representa menos del 1 % del volumen del agua que hay sobre la Tierra.

El agua es el origen de la vida. Su fuerza, que suscita admiración en las cataratas Victoria o a orillas del océano cuando la marea sube, también constituye un peligro potencial. Las recientes crecidas, nos lo recuerdan.

Las cataratas del Niágara vierten 6 962 m³ de agua por segundo. Con una altura de 50 m, han abierto una cuenca de 60 m de profundidad en la roca.

La furia del agua

Las crecidas, causa de inundaciones

La mayoría de los países sufren inundaciones de forma regular, provocadas por la crecida repentina de un curso de agua. Se trata de un fenómeno que parece extenderse en las regiones templadas.

Un riesgo universal

Una inundación es la consecuencia de la crecida de un curso de agua y consiste en la su mersión de una zona, en ocasiones habitada. Durante la crecida, el caudal del curso de agua aumenta rápidamente, sobrepasando varias veces el caudal medio.

Las inundaciones constituyen más de la mitad de las catástrofes naturales y provocan la muerte de un promedio de 20 000 personas al año en todo el mundo. Los daños materiale siempre son muy importantes. Las crecidas y las inundaciones afectan a la mayoría de los pa íses de la zona templada y a la práctica totalidad de los países de las zonas tropicales y sub tropicales. Las más catastróficas tienen lugar en Asia, durante las estaciones anuales de monzón. El aire seco que domina el Himalaya crea una fuerte depresión que atrae al aire hú medo del mar. Cuando esta masa de aire se encuentra con la cadena montañosa, gana alti tud y se condensa a causa del frío. Entonces estallan las lluvias del monzón, que en ocasio nes dejan caer más de 1 000 mm de agua al día en las llanuras.

El 17 de agosto de 2002, la ciudad histórica de Dresde (Alemania) quedó sumergida por el agua. Colmado por las lluvias continuas que cayeron durante días, el Elba se estabilizó a 9,40 m.

El agua se concentra en las cuencas hidrográficas

Las crecidas importantes tienen causas diversas: la fusión de las nieves durante la primavera en las regiones montañosas (entonces se habla de régimen nival), la fusión de los glaciares en una cuenca de altitud (régimen glaciar) o fuertes precipitaciones (régimen pluvial, el más habitual).

Se llama cuenca hidrográfica de un curso de agua al conjunto del territorio que recorre el agua de la lluvia para concentrarla en dicho curso de agua. Las cuencas hidrográficas de los afluentes de un mismo río se unen para formar la cuenca de dicho río. Asimismo, la unión de todas las cuencas hidrográficas de los afluentes de un río forma la cuenca hidrográfica de ese río.

Cuando se producen fuertes precipitaciones, el conjunto de los cursos de agua de la cuenca hidrográfica, en crecida, concentra el agua de lluvia en el río principal, cuyo nivel también crece. La rapidez de la crecida está influida por la morfología de la cuenca hidrográfica. Así, la concentración de las aguas en una cuenca hidrográfica larga y estrecha será bastante lenta. En cambio, una cuenca hidrográfica pequeña y circular facilitará una crecida muy rápida.

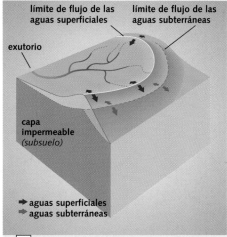

límite de flujo de las aguas superficiales · límite de flujo de las aguas subterráneas · exutorio · capa impermeable (subsuelo) · aguas superficiales · aguas subterráneas

La cuenca hidrográfica es la zona por la que circulan las aguas que van a confluir en el lecho de un curso de agua. La región en la que las aguas superficiales abandonan la cuenca hidrográfica es el exutorio.

Zonas sensibles a una inundación

El agua de lluvia que cae sobre una región no aumenta necesariamente los cursos de agua. Gran parte regresa a la atmósfera debido a la evaporación. Otra parte se infiltra en el suelo, donde se incorpora a una capa freática. Además, ésta puede volver a salir a la superficie, en una resurgencia. El resto fluye y acaba uniéndose a un río. Según la intensidad de las precipitaciones, la temperatura, el relieve y la naturaleza de los suelos, las proporciones de evacuación pueden variar sensiblemente.

¿Más inundaciones?
La actividad humana altera el clima profundamente. Hoy en día es la responsable, al menos de forma parcial, del calentamiento planetario. Éste puede ser la causa de inundaciones por distintos motivos: incremento de las lluvias, subida del nivel del mar o modificación de la cubierta vegetal que influye en el caudal general de los cursos de agua. En las regiones templadas, los especialistas prevén que el aumento de temperatura provocará una intensificación de los periodos de sequía, que se alternarán con momentos de inundaciones.

Mapa (páginas siguientes)
Las cuencas fluviales más grandes del planeta, formadas por los grandes ríos y todos los afluentes, grandes o pequeños, que los alimentan, se encuentran en el interior de continentes importantes. Bajo determinadas condiciones geológicas, localmente se pueden formar retenciones de agua que generan lagos. Los accidentes del relieve de origen diverso (seísmos, volcanes, glaciares, erosión) son los responsables de los saltos de agua y de las cataratas, a veces espectaculares.

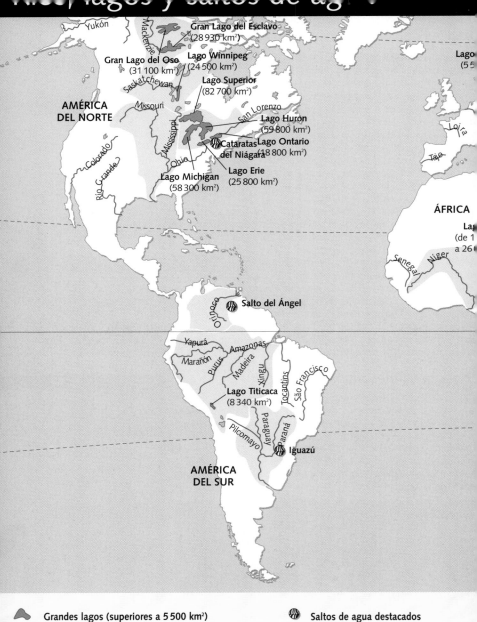

Lagos y saltos de agua

Yukón

Mackenzie

Gran Lago del Esclavo
(28 930 km²)

Gran Lago del Oso
(31 100 km²)

Saskatchewan

Lago Winnipeg
(24 500 km²)

Lago Superior
(82 700 km²)

**AMÉRICA
DEL NORTE**

Missouri

San Lorenzo

Lago Hurón
(59 800 km²)

**Cataratas
del Niágara**

Lago Ontario
(18 800 km²)

Colorado

Río Grande

Mississippi

Ohio

Lago Michigan
(58 300 km²)

Lago Erie
(25 800 km²)

Lago
(5 5

Loira

Tajo

ÁFRICA

Lag
(de 1
a 26

Senegal

Níger

Orinoco

🌀 **Salto del Ángel**

Yapurá

Amazonas

Marañón

Purus

Madeira

Xingu

Tocantins

São Francisco

Lago Titicaca
(8 340 km²)

Pilcomayo

Paraguay

Paraná

🌀 **Iguazú**

**AMÉRICA
DEL SUR**

 Grandes lagos (superiores a 5 500 km²)

Grandes ríos (más de 1 000 km de longitud)

 Saltos de agua destacados

Grandes cuencas hidrográficas

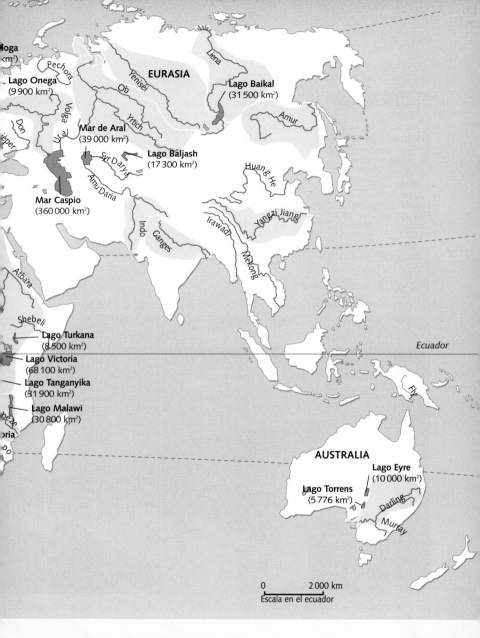

* La superficie del lago Chad varía según el caudal
del río que lo alimenta (el Chari).

Factores agravantes

Numerosos factores pueden agravar una inundación, aumentando la proporción de agua que fluye o facilitando la formación de «lavas torrenciales», coladas de lodo muy peligro sas. Las superficies impermeables (carreteras, aparcamientos, etc. incrementan el flujo. Lo mismo ocurre con las zonas cultivadas: e suelo está comprimido por el paso de maquinaria pesada y ligera mente drenado por los vegetales, que están enraizados en la super ficie. Al ser poco permeables, los suelos cultivados se tornan, ade más, sensibles a la erosión. Por otro lado, la destrucción de zona inundables río arriba de zonas habitadas elimina los lugares propi cios a la dispersión del excedente de la crecida. Paradójicamente, lo diques que se construyen como medida de protección a veces fun cionan como un cuello de botella: el caudal del río aumenta y la inundación que se produce río abajo se agrava. Las presas en mala condiciones pueden, asimismo, provocar accidentes dramáticos. Er caso de ruptura, el agua descenderá con una violencia y una rapidez muy superiores a la que habría tenido sin la presencia de la presa.

LÉXICO
[Caudal] Cantidad de agua que fluye en un momento dado durante un intervalo de tiempo determinado. **[Cuenca hidrográfica]** Región drenada por un curso de agua y todos sus afluentes.

Prevenir los riesgos

Es imposible evitar las crecidas. Sin embargo, se puede intentar reducir la cantidad de agua que se dirige hacia el río e impedir que la inundación se vea agravada por factores secun darios.

El 28 de enero de 2002, el pueblo de Thivencelles (Francia) se despertó con los pies en remojo. Una brecha producida durante la noche en el dique de un curso de agua provocó la inundación de unas sesenta casas de los alrededores.

En la isla de **Makeshkali**, en Bangla Desh, los habitantes se protegen de las inundaciones construyendo muros de contención a lo largo de la costa.

La prevención del peligro requiere un excelente conocimiento del terreno, su composición su morfología, así como la supervisión constante de las construcciones: las presas, especialmente, deben estar correctamente ubicadas y tener un mantenimiento adecuado; también se deben evitar las construcciones en las zonas inundables. Hay que dragar los lechos de los cursos de agua, es decir hacerlos más profundos, ya que a lo largo de los años, los aluviones se posan en el fondo y elevan su nivel. Además, las riberas abandonadas pueden ser peligrosas: al salir de su lecho, el río en crecida arrastra troncos de árboles muertos y otros restos que pueden obstruir su curso. En ese caso se habla de obstrucción del lecho: ésta precede, por lo general, a un derrumbamiento muy violento que se produce cuando la presión del agua extrae el tapón. En Estados Unidos, se han creado extensas zonas inundables artificiales alrededor de algunos ríos.

Lava torrencial

Un río en crecida acaba saliéndose de su lecho. A gran velocidad, el agua inunda terrenos que pueden ser muy sensibles a la erosión. Entonces el río empieza a arrastrar numerosos restos: piedras, grava, bloques, sedimentos, etc. Se forma una lava torrencial, es decir, una colada de lodo y de guijarros extremadamente peligrosa para los hombres y devastadora para las viviendas y las obras de arte.

La reforestación es totalmente esencial para aumentar la capacidad de infiltración de los suelos y evitar la erosión, especialmente en la montaña. Por las mismas razones, se aconseja a los agricultores dejar los residuos de las cosechas en el campo, o plantar una cubierta vegetal de invierno. Por último, es necesario limpiar los lugares contaminados susceptibles de ser inundados para evitar que la suciedad se disperse.

La furia del agua

Saltos de agua y cascadas

Los saltos de agua constituyen uno de los espectáculos naturales más impresionantes. Sin embargo, están condenados a desaparecer a causa de su extraordinario poder de erosión.

Formación de un salto de agua

Un salto de agua es el resultado de la ruptura violenta del lecho de un curso de agua, qu cae hacia abajo en picado. Se emplea el término cascada para designar los saltos de d mensiones reducidas y el de catarata para los saltos cuyo volumen de agua es muy im portante, como las del Niágara.

Los saltos de agua pueden tener orígenes diferentes. Algunos se deben a una discordar cia natural del lecho del río, formado por un antiguo glaciar o por una falla sísmica. És es el caso, por ejemplo, de las cataratas del Niágara, cuyo lecho adoptó un sendero natu ral formado hace unos 15 000 años cuando la corteza terrestre, liberada de peso tras deshielo, volvió a subir de nivel. Otros han trazado su propio recorrido, erosionando su le cho de manera desigual por la yuxtaposición de otra roca dura y de una roca frágil. Otro por último, han visto cómo su lecho se vaciaba bruscamente debido a una erupción volcán ca (como las cataratas Victoria, en el Zambeze), un seísmo o la construcción de una pres

El destino de un salto

Los saltos de agua tienen un poder de erosión muy importante. La corriente, que arrastra consigo arena y pequeños guijarros, actúa como un abrasivo sobre el lecho del río.

El poder de erosión depende principalmente de la altura del salto, del caudal del río y del tipo de roca sobre el que cae. La erosión es especialmente intensa al pie del salto, donde el agua libera una gran cantidad de energía cinética que le proporciona velocidad. De este modo se forma una gran cuenca, cuya profundidad puede superar la altura del salto. Asimismo, el agua erosiona la roca que hay detrás del salto y mina de este modo la base de la masa rocosa sobre la que cae a plomo. Si la erosión es lo suficientemente fuerte y la roca del lugar lo suficientemente frágil, la pared que sostiene el salto de agua se hunde. Este proceso de erosión es simultáneo a otro proceso, que desgasta la arista por la que cae el agua. De este modo, la arista rocosa va retrocediendo poco a poco río arriba.

Un edén para la vida acuática

En el momento de caer, el agua, en forma de gotitas y de vapor, establece un contacto privilegiado con la atmósfera. Cuando recupera su curso normal, los remolinos aumentan considerablemente la cantidad de gas disuelto en el agua. Dado que los peces necesitan oxígeno para respirar, que las bacterias aerobias —que absorben y degradan la materia orgánica en suspensión y numerosos desechos— también se alimentan de oxígeno, y que los vegetales y el fitoplancton utilizan el dióxido de carbono para efectuar la fotosíntesis, los saltos de agua son un auténtico revulsivo para la vida acuática, al aportar dichos gases en abundancia.

🦅 **El Zambeze, frontera natural** entre Zambia y Zimbabwe, precipita 545 millones de litros de agua por minuto desde una altura de 108 m, formando una nube de vapor que se eleva hasta una altura de 500 m.

En la zona inferior se forma entonces una sucesión de cuencas, cada una de las cuales corresponde a una etapa de estabilidad del salto.

Se pueden observar series de este tipo en las cataratas del Niágara, a la altura de Horseshoe Falls.

Así pues, el perfil del salto va evolucionando constantemente. A lo largo de los siglos, la erosión lleva al río a adoptar un régimen más suave: las irregularidades se van limando y el salto acaba desapareciendo.

Las mareas

Las mareas proporcionan ritmo a la vida de las costas oceánicas. Éstas son consecuencia de la gravitación y de la fuerza centrífuga que actúan sobre el planeta.

Bajo la influencia de los astros

Cada día, a orillas del océano, el nivel del agua sube y después desciende. Es lo que se de nomina marea. Cuando el nivel del mar alcanza su máximo (cubre parte de la costa), s denomina de pleamar; cuando se encuentra en su mínimo, recibe el nombre de bajamar

En el Mont-Saint-Michel las mareas alcanzan una amplitud excepcional (alrededor de 14 m). Asimismo, arrastran cantidades considerables de sedimentos (700 000 m³ al año), que se incorporan a la bahía uniendo día a día la isla al continente.

océano recibe la influencia de los astros y obedece a la fuerza de gravedad que éstos engendran. La gravitación es una ley fundamental de la física según la cual todos los cuerpos materiales se atraen con una fuerza proporcional a su masa e inversamente proporcional al cuadrado de la distancia que los separa. En otras palabras, cuanto más pesados son los cuerpos, o más cerca se encuentran, más fuerte es la gravedad. La Tierra recibe principalmente las influencias de la Luna (astro ligero aunque muy cercano) y el Sol (estrella más lejana pero con mayor masa). La combinación de estas dos influencias da como resultado una fuerza que varía según las posiciones respectivas de la Tierra, la Luna y el Sol. Esta fuerza se aplica en cualquier punto de la Tierra, pero disminuye con la distancia. Así pues, ésta será especialmente fuerte en un punto de la superficie, llamado «punto cenital», y después decrecerá para alcanzar un mínimo en el punto diametralmente opuesto, el «punto nadiral». El efecto principal de esta fuerza consiste en atraer la superficie deformable del agua, haciendo que ésta suba de nivel en el punto cenital.

LÉXICO

[Gravitación]

Fuerza responsable de la atracción de todos los cuerpos materiales, proporcional a su masa e inversamente proporcional al cuadrado de la distancia que los separa.

Una vuelta en 24 horas y 50 minutos

Como la influencia de la Luna es preponderante (más del doble que la del Sol), el punto cenital efectúa, al igual que ésta, una rotación alrededor de la Tierra al día. Más exactamente, en 24 horas y 50 minutos. En efecto, la Luna completa su órbita alrededor de la Tierra en 29 días, 12 horas y 44 minutos. Así pues, en 24 horas, el tiempo necesario para que la Tierra efectúe una vuelta sobre sí misma, ha recorrido un ángulo de 13°. Por lo tanto, para que una pleamar cenital se reproduzca en un punto determinado, la Tierra debe efectuar una vuelta más de unos 13°, cosa que hace en 24 horas y 50 minutos.

Fuerza centrífuga

La gravedad no basta para describir el fenómeno de la marea. Esta fuerza atrae a los astros entre ellos y, si éstos no entran en colisión, es porque se ve compensada por otra fuerza, generada por la rotación de los objetos celestes: la fuerza centrífuga. En el punto nadiral, se observa pues una atracción de la superficie líquida del planeta opuesta a la del punto cenital. La marea es, por lo tanto, el resultado de la acción combinada de la gravedad y de la fuerza centrífuga.

La marea perturbada

Si la Tierra estuviera uniformemente cubierta de agua, la marea se traduciría en una pleamar en los puntos cenital y nadiral. La Tierra adquiriría, por así decirlo, la forma de un balón de rugby cuyos

El peligro de los macareos

En determinados estuarios, la marea que sube genera una serie de olas rompientes que remontan el curso de los ríos. Estas olas, que tienen una altura media de 2,50 m, son peligrosas para la navegación. Se producen cuando tiene lugar una fuerte marea en los estuarios con una configuración especial. El lecho del río debe dibujar una pendiente suave para permitir la propagación de la ola, el estuario debe tener forma de embudo para concentrar el efecto de marea y el río debe estar a bajo nivel: en ese caso, la crecida repentina de las aguas no puede ser absorbida. En Brasil, el Amazonas ha sido escenario de macareos que han remontado más de 1 000 km hacia el interior de las tierras. El Mekong es el río que produce los macareos más altos (14 m).

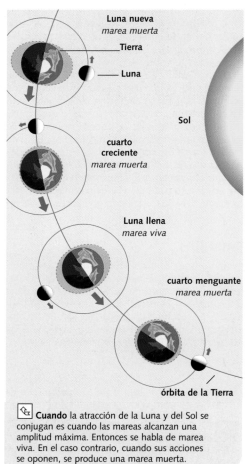

Luna nueva
marea muerta

Tierra

Luna

Sol

cuarto creciente
marea muerta

Luna llena
marea viva

cuarto menguante
marea muerta

órbita de la Tierra

Cuando la atracción de la Luna y del Sol se conjugan es cuando las mareas alcanzan una amplitud máxima. Entonces se habla de marea viva. En el caso contrario, cuando sus acciones se oponen, se produce una marea muerta.

extremos darían la vuelta al globo, alineándose con la Luna. Pero diverso factores impiden este fenómeno.

La fuerza de Coriolis, debida a la rotación de la Tierra sobre sí misma, desví todos los fluidos en movimiento, e particular en el trayecto de los punto cenital y nadiral. Esta desviación s produce en el sentido inverso a la agujas del reloj en el hemisferio Nort y en el sentido de las agujas del relc en el hemisferio Sur —alrededor d un punto en el que la marea es nul (llamado «anfidrómico»).

Además, este trayecto se ve perturba do por el suelo. Los continentes lo blo quean, los frotamientos en los fondo oceánicos lo frenan y determinada formas de cuenca oceánica amplían l deformación.

Variaciones alrededor de un tema

En un mismo lugar, la amplitud de un marea varía de un extremo a otro. S habla de marea viva cuando ésta al canza una amplitud máxima en u punto, y de marea muerta cuando l amplitud es mínima. Esta variación s puede explicar por diversos factores.

La fuerza de gravedad es inversament proporcional al cuadrado de la distan cia Tierra-Luna. Puesto que la Lun describe una órbita elíptica alrededo de la Tierra, la intensidad de la mare varía según su distancia durante el mes lunar. Cuando la Luna se encuentra en el perige (punto de su órbita más cercano a la Tierra), la fuerza de la marea aumenta un 20 % e relación con su valor medio. En cambio, cuando se encuentra en el apogeo, su fuerza dis minuye alrededor de un 20 %.

Si la fuerza de gravedad es inversamente proporcional al alejamien to del astro que ejerce la atracción, la fuerza centrífuga es idéntica en cualquier punto de la superficie. La combinación de estas do fuerzas no es, pues, simétrica en relación con el centro de la Tierra Además, estas fuerzas no son exactamente paralelas, puesto que e eje de rotación de la Tierra sobre sí misma está inclinado con res pecto al plano del sistema solar. Así pues, el resultado de la suma d

LÉXICO

[Fuerza centrífuga]
Fuerza experimentada por un cuerpo en rotación que lo aleja del centro de su trayectoria.

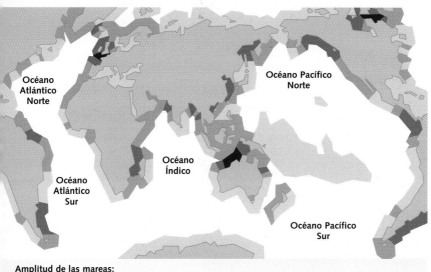

Amplitud de las mareas:

- ☐ menos de 2 m ■ de 4 a 6 m
- ▨ de 2 a 4 m ■ más de 6 m

La crecida de las aguas provocada por la acción de la gravedad y de la fuerza centrífuga se propaga a través de los océanos al igual que una onda sobre la superficie de un lago cuando se arroja una piedra. Su velocidad de propagación depende de la profundidad: ésta se refleja sobre los taludes continentales, provocando interferencias que pueden atenuarla o acentuarla. La amplitud de las mareas, distinta en cada punto de una costa, corresponde a la diferencia entre la altura de una pleamar y la de la bajamar precedente. Las bahías alargadas presentan las amplitudes más destacadas, mientras que los mares cerrados tienen en general unas mareas muy débiles.

s fuerzas gravitacional y centrífuga experimenta variaciones complejas. En determinados gares, las dos fuerzas se compensan, aunque solamente se observa una única marea al ía: es el caso del Pacífico; el Atlántico cuenta, en cambio, con dos mareas al día.

Marea terrestre

La gravedad y la fuerza centrífuga, que se combinan para crear las mareas oceánicas, también actúan sobre la corteza terrestre. La deformación es imperceptible a simple vista, puesto que la litosfera, sólida, es poco elástica.

La amplitud de esta marea terrestre, inexistente en los polos, alcanza sin embargo los 40 cm en las latitudes bajas. Ésta es en parte responsable del desencadenamiento de algunos seísmos.

La influencia del Sol

Paralelamente, el Sol ejerce una influencia gravitacional sobre los océanos que no debe pasarse por alto, aunque sea 2,2 veces menor que la de la Luna. Cuando la Luna y el Sol están alineados con la Tierra, su influencia se conjuga para proporcionar una marea máxima: se trata de las mareas de equinoccio, que tienen lugar el 21 de marzo y el 23 de setiembre. Cuando los dos astros forman un ángulo recto con la Tierra, se producen las mareas muertas.

La furia del agua **65**

La Tierra vive bajo el dominio del hielo. Su presencia en los polos constituye un verdadero regulador térmico que absorbe los cambios de temperatura. Los glaciares continentales, por su parte, regulan el caudal de los ríos a merced de las estaciones y esculpen el paisaje rocoso desplazándose bajo el efecto de su propio peso. Ha habido períodos en la historia en los que este dominio fue todavía mayor: durante las glaciaciones que afectaron de forma regular el planeta, los glaciares y la banquisa impidieron el acceso de los seres vivos a gran parte del globo, hecho que determinó su evolución.

En Saint Joseph (Michigan), los turistas se pasean en bañador durante el verano. En invierno, el espigón queda suspendido sobre un lago helado, testigo de los cambios de temperatura de la región.

Bajo el dominio del hielo

Los glaciares

Los glaciares parecen inmóviles y eternos. Sin embargo, nacen, se mueven, mueren y esculpen el paisaje al tiempo que desarrollan una fuerza poderosa.

El nacimiento de un glaciar

La nieve es el material con el que está constituido un glaciar. Los copos de agua helada contienen una gran cantidad de aire. Cuando el manto de nieve se espesa, y la temperatura es negativa, la presión genera cambios en la estructura del cristal. Las moléculas de agua inmovilizadas en los copos de nieve se reorganizan para ocupar un volumen más compacto constituyendo una red geométrica más extensa: se produce una recristalización. Se forma la neviza, es decir, un estadio intermedio poroso entre la nieve y el hielo. Después, por efecto del peso de la nieve, los poros se cierran y el aire deja de circular. De hecho, se trata del hielo.

Recibe el nombre de glaciar cualquier extensión de hielo formada a partir de la recristalización de la nieve que dura de un año para otro y que se desplaza por su propio peso. En su acepción más amplia, este término designa tanto la capa de hielo que cubre la Antártida como un pequeño valle glaciar entre dos montañas en los Alpes. El 99 % de los glaciares se encuentra en la Antártida y en Groenlandia y contienen las tres cuartas partes del agua dulce de la totalidad del planeta.

Cuando un glaciar derrapa

Si el deslizamiento regular del glaciar se ve obstaculizado por una salida defectuosa de la humedad subglaciar, éste puede quedar inmovilizado durante varios años, o incluso varios decenios. En ese caso, la masa de hielo se vuelve a concentrar en la zona de acumulación y el glaciar se hincha hasta alcanzar un punto de desequilibrio. La masa glaciar desciende entonces por las pendientes, avanzando varios kilómetros en varios meses. Este fenómeno afecta aproximadamente al 2% de los glaciares de montaña en Alaska, en Asia central y en los Andes, alrededor de Santiago de Chile.

Una vida agitada

Los glaciares se desplazan muy lentamente desde 10 m hasta algunos centenares de metros al año. Este desplazamiento constituye el motor de su regeneración, puesto que restablece el equilibrio entre la zona de acumulación que es donde el glaciar gana materia gracias a las precipitaciones de nieve o lluvia, y la zona de ablación, que es donde la pierde por evaporación, licuefacción o creación de un iceberg (desintegración de un acantilado de hielo).

El término del glaciar está situado en el extremo de esta zona de ablación. En la montaña, se trata de una zona rica en restos rocosos arrastrados por el glaciar. A orillas del océano o de un lago, el término es la zona en la que la capa de hielo pierde el contacto con el suelo y flota sobre el agua líquida.

La materia de un glaciar no solamente se renueva sin cesar, sino que también conoce períodos de expansión seguidos de otros de retroceso. Estas fluctuaciones son generadas por las condiciones meteorológicas. Si el balance de materia entre la acumulación y la ablación es positivo, el glaciar crece. En caso contrario, retrocede.

Actualmente, la superficie que se encuentra cubierta por glaciares representa el 10 % de las tierras emergidas; sin embargo, se calcula que a lo largo de un período de 1,5 millones de años los glaciares han llegado a cubrir una superficie con el doble de extensión y han vuelto a retroceder hasta una veintena de veces.

En la **década de 1820** (*a la izquierda*), el Mer de Glace tenía el aspecto de una lengua espesa entre las paredes rocosas. Su retroceso, tal como aparece en las fotografías actuales (*a la derecha*), ha dejado un rastro indeleble en la roca.

Desplazamiento y deformación

El glaciar continuamente se deforma y se desplaza gracias a su propio peso y a los obstáculos del suelo. Estas deformaciones provocan hendiduras (grietas profundas y estrechas en el hielo), que delimitan unos bloques de hielo llamados seracs. La deformación más importante se produce allí donde las tensiones son más fuertes, en el núcleo de la capa de hielo: las capas superiores ejercen un peso importante, mientras que las capas inferiores se desplazan más o menos rápidamente, arrastrando todo el hielo con su movimiento. Este desplazamiento puede verse acelerado por mecanismos muy particulares. El primero está provocado por la enorme presión que experimenta la capa de hielo que se encuentra en contacto con el suelo. El comportamiento particular del agua hace que este elemento ocupe un

LÉXICO

[Zona de acumulación]
Lugar en el que el glaciar gana masa.
[Zona de ablación]
Lugar de pérdida de masa del glaciar.

Mapa (*páginas siguientes*)

Los inlandsis (*Groenlandia y Antártida*) y los glaciares concentran la práctica totalidad del agua dulce de la Tierra. La banquisa, compuesta de agua salada helada, en verano se reduce a una cuarta parte de la superficie que ocupa en invierno. Su fusión permite los intercambios comerciales vitales en determinadas regiones (*paso del noreste a lo largo de la costa siberiana o del noroeste a lo largo de Alaska*).

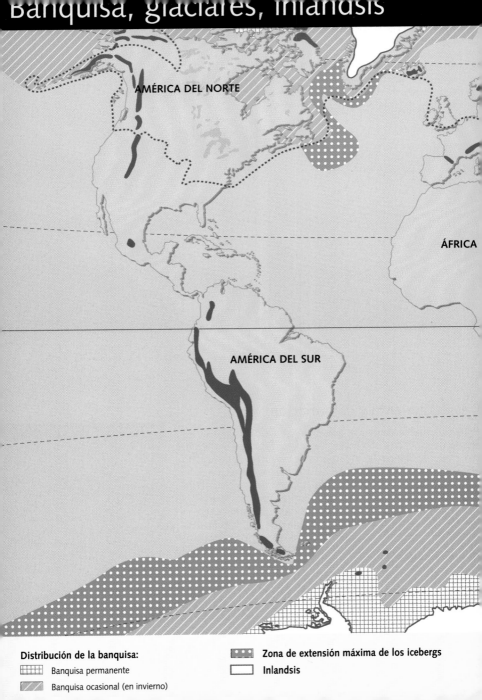

Banquisa, glaciares, inlandsis

AMÉRICA DEL NORTE

ÁFRICA

AMÉRICA DEL SUR

Distribución de la banquisa:

Banquisa permanente

Banquisa ocasional (en invierno)

Zona de extensión máxima de los icebergs

Inlandsis

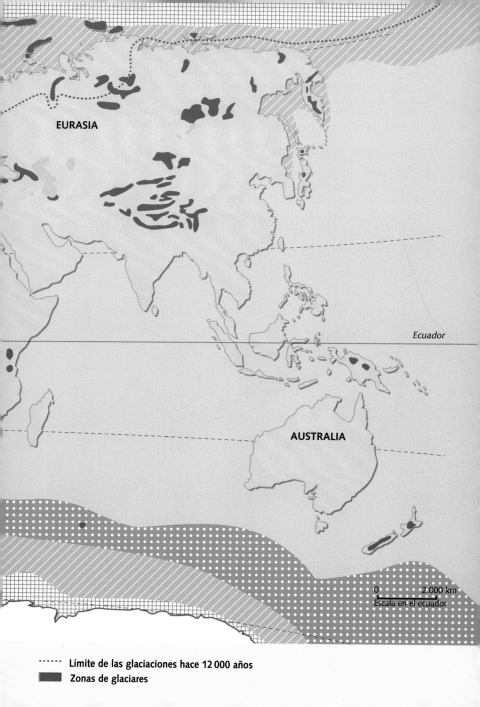

EURASIA

Ecuador

AUSTRALIA

0   2.000 km
Escala en el ecuador

······· **Límite de las glaciaciones hace 12 000 años**

▬▬▬ **Zonas de glaciares**

volumen menor en estado líquido que en estado sólido (experimento de la botella de agua líquida que se introduce en el congelador y que acaba reventando). Bajo los efectos de una fuerte presión, el agua tiene tendencia a estructurarse para ocupar menos espacio, es decir, para pasar al estado líquido. De este modo en ocasiones se forma una película de agua líquida debajo del glaciar, lo cual reduce el frotamiento y acelera el movimiento: el glaciar se desplaza. Otra forma de aceleración puede ser consecuencia de la presencia de un lecho sedimentario constituido por rocas tiernas y húmedas bajo el glaciar.

Una erosión implacable

Al desplazarse, el glaciar esculpe el paisaje. Al transportar con su movimiento materiales rocosos, provoca una formidable erosión glaciar, que crea circos y valles. El mecanismo de esta erosión es doble. De entrada, el glaciar incorpora grandes bloques que encuentra a

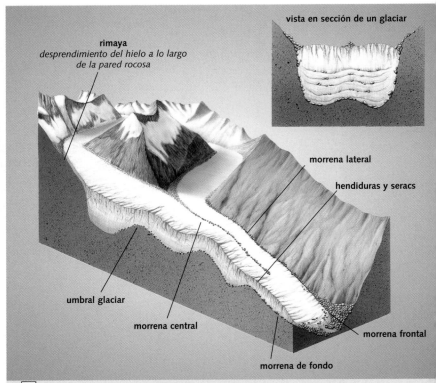

vista en sección de un glaciar

rimaya
desprendimiento del hielo a lo largo de la pared rocosa

morrena lateral

hendiduras y seracs

umbral glaciar

morrena central

morrena frontal

morrena de fondo

Al avanzar, la lengua glaciar erosiona la roca, produciendo unas líneas o campos de derrubios rocosos llamados morrenas. Su progresión irregular da lugar a umbrales. Asimismo, al fundirse el hielo se forman hendiduras separadas por zonas caóticas que reciben el nombre de seracs.

Calentamiento climático

Los glaciares se extienden y se contraen en función de las condiciones climáticas del momento.
El calentamiento climático actual, del cual el hombre es, al menos en parte, responsable, provoca desde hace algunos años una fusión considerable de los glaciares. Este fenómeno ha sido medido por los científicos en los glaciares del macizo de los Alpes. Los glaciares del archipiélago noruego de Svalbard (principalmente formado por la isla de Spitzberg), en el Ártico, también han retrocedido algunos kilómetros.
En determinados glaciares, en cambio, la perturbación del clima se traduce en un aumento de las precipitaciones: así, en el oeste de Noruega, los glaciares han aumentado de volumen a lo largo de los últimos diez años. Sin embargo, el balance glacial a escala planetaria es negativo.

La erosión glaciar es la responsable de la peculiar forma del Half Dome (media cúpula), una de las cimas del parque nacional de Yosemite, en California (Estados Unidos).

su paso, lo cual ocurre más fácilmente si la base rocosa está fracturada. Estos materiales, que se abandonan en el momento en el que se retira el glaciar, forman extensiones de piedras llamadas morrenas (se han llegado a encontrar restos del tamaño de una casa...). Paralelamente, los restos más o menos grandes que se han ido incorporando a la masa helada la convierten en auténtico papel de lija. La abrasión pule el lecho glaciar y produce un material rocoso fino como la arena. Esta «harina rocosa» puede ser arrastrada fuera del glaciar por el hielo fundido. Cuando llega a un lago o a un océano, este sedimento en suspensión le confiere un aspecto lechoso característico.

Banquisas e inlandsis

El hielo está en las latitudes elevadas de la Tierra. En el mar, la banquisa nace, envejece y se renueva a merced de las estaciones.

Una congelación lenta

La banquisa está formada por agua salada, la cual se congela aproximadamente a −2 °C (el agua dulce se congela a 0 °C). La congelación tiene lugar en otoño, cuando la temperatura del agua alcanza los 0 °C y el viento sopla a una temperatura de entre −12 y −15 °C. La superficie se congela primero, aunque muy lentamente: el agua que se enfría adquiere mayor densidad y tiene tendencia a hundirse, mientras que el agua más caliente sube de las profundidades. Esta circulación de masas fluidas de temperaturas diferentes, llamada «convección», frena considerablemente la solidificación de la banquisa, que sólo podrá producirse cuando toda la columna de agua esté fría. Para ello es necesario un frío riguroso y persistente, como el que encontramos en las latitudes elevadas; en invierno, el casquete polar recubre el centro del océano Ártico y se extiende hasta la costa norte de Islandia.

Diversas etapas

El fenómeno de la helada se produce en tres etapas. En primer lugar, se observa la aparición de frazil, es decir, cristales de hielo que proporcionan al mar un aspecto amarillento debido a la modificación del espectro de colores que éste refracta. Su viscosidad aumenta y adquiere una consistencia aceitosa. Cuando el frío persiste, el frazil da origen a láminas de hielo flotantes que, como chocan entre ellas en la superficie, presentan unos bordes levantados.

Estas láminas miden entre 30 cm y 3 m de diámetro y tienen algunos centímetros de grosor. A fuerza de estos choques las láminas se van cimen-

La formación de hielo en un medio salado y agitado requiere un frío intenso y constante. Éstas son las condiciones en las que se forma la banquisa en las islas de la Madeleine, en Canadá.

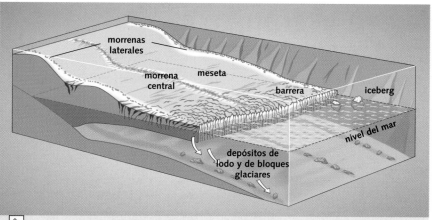

Labels in figure:
morrenas laterales
morrena central
meseta
barrera
iceberg
nivel del mar
depósitos de lodo y de bloques glaciares

Como todos los glaciares, los inlandsis van erosionando la roca sobre la que descansan. Pierden materia por el nacimiento de icebergs y se regeneran gracias a las precipitaciones.

tando para constituir hielo que va a la deriva y después una banquisa flotante. Esta banquisa reciente se distingue de los «hielos viejos» por su aspecto liso. Estos últimos, que han pasado varios años a la deriva (una media de cinco o seis años en el océano Ártico), están cubiertos de grietas y asperezas, de montículos que se forman cuando una placa de hielo, rota a causa de uno de esos choques, bascula parcialmente en el agua y después se solda de nuevo al conjunto por efecto de la helada.

La banquisa tan sólo puede perdurar en alta mar. Cerca de las costas, se funde en verano. Se trata del deshielo: unos grandes bloques, denominados icebergs, se desprenden y van circulando a la deriva por la acción de los vientos y las corrientes.

Aspectos diversos

En invierno, la banquisa está formada por varios fragmentos muy diferentes entre sí. Soldada al litoral, se encuentra la banqueta costera, que no se mueve con la marea. Después se localiza la banquisa costera, que desaparece cada año en primavera. Lisa y delgada (con menos de 1 m de grosor), a veces se hunde con las tormentas y se funde de manera episódica en invierno, para generarse de nuevo en unos quince días. La banquisa está separada de la banqueta por un río, zona de agua libre a la que acuden a respirar las focas. Ya fuera del continente, se halla la banquisa permanente, o pack. Con un grosor de unos 3 m, recorre a la deriva de 1 a 2 km al día y persiste durante varios años.

Montañas de hielo

Contrariamente a la banquisa, los inlandsis se forman a partir del agua dulce de las precipitaciones.
Se trata de glaciares gigantescos que recubren los relieves continentales bajo su cúpula helada. Los dos inlandsis más grandes del planeta tapizan Groenlandia y el continente antártico. El inlandsis de Groenlandia, de una altura media de 1 500 m, alcanza los 3 240 m de altitud. El de la Antártida mide un promedio de 2 200 m, y alcanza los 4 300 m. A diferencia de los glaciares de las regiones templadas, los inlandsis se mueven muy lentamente.

Nieve y granizo

Un tiempo frío y húmedo puede dar lugar a diversas precipitaciones heladas: nieve cuando la atmósfera está más bien serena y granizo si las nubes experimentan en su interior fuertes movimientos.

Nieve blanda

Los copos de nieve son aglomeraciones de cristales de hielo que se forman cuando la atmósfera es fría y húmeda. Cuando el vapor de agua asciende a la atmósfera, se condensa rápidamente en gotitas líquidas. Entonces se forma una nube. La temperatura del aire, inferior a 0 °C, debería provocar la congelación del agua. Pero la fuerza que mantiene al agua en forma de gotas, llamada «tensión superficial», impide el cambio de estado. Nos encontramos, así, en presencia de agua sobrefundida: agua líquida por debajo de su punto de congelación. Sólo la perturbación provocada por una colisión con una partícula fina sólida (polvo, arena, humo, etc.) puede desencadenar el cambio de estado. Las moléculas de agua se disponen entonces en forma de cristal: un apilamiento regular y periódico de átomos. En el caso del agua, el cristal de base es hexagonal (posee seis caras).

Los **cristales de hielo** adquieren en ocasiones formas inesperadas, propiciando sistemáticamente las puntas y las irregularidades.

Variaciones sobre una forma

No hay dos copos de nieve iguales. Cuando un cristal se encuentra con una gota de agua sobrefundida, ésta se congela y prolonga la red cristalina. Evidentemente, este crecimiento favorece las formas irregulares ya que, en cuanto una rama se aleja del núcleo del cristal, halla un medio más húmedo que le permite crecer.

Cuando el copo ha alcanzado un tamaño crítico, se precipita. Durante su caída, los copos experimentan numerosas transformaciones. Se pueden fundir, partirse por efecto del viento, entrar en colisión o, por el contrario, aglomerarse con otros copos. La trayectoria, dibujada por las turbulencias del aire, genera una enorme diversi-

Estas muestras de granizo del tamaño de una pelota de golf cayeron en Oklahoma en 1978.

dad de formas. Cuanto más larga es esta trayectoria, más riesgo corre el copo de crecer, a condición, sin embargo, de que el aire sea suficientemente húmedo para aportarle el material necesario. La temperatura y la humedad desempeñan una función importante en la forma de los copos: los copos grandes se forman cuando la temperatura es cercana a los 0 °C y el viento es débil; las temperaturas bajas, acompañadas de aire seco, favorecen la formación de copos pequeños.

Montañas rusas de granizo

La estructura del granizo lo demuestra: esos granos de hielo nacen en un medio perturbado. La mayor parte del granizo

La nieve y el granizo también afectan a los desiertos. Esta fotografía fue tomada después de un chaparrón de granizo ocurrido en el desierto de Kalahari, en Namibia.

tiene la estructura de una cebolla, alternando capas de hielo opacas y transparentes. Esta alternancia se debe a los múltiples vaivenes efectuados por el granizo en el interior de la nube. Así, el granizo se forma en las nubes de tormenta (cumulonimbos) por la solidificación del agua sobrefundida al entrar en contacto con un polvo o un cristal de hielo. A continuación éste es transportado hacia la cima de la nube, donde crece incorporando otras moléculas de agua. Cuando adquiere demasiado peso, se precipita, pero se funde parcialmente al entrar en contacto con una temperatura más elevada. Entonces puede ser arrastrado de nuevo hacia las alturas y volver a crecer. Cuanto más baja es la temperatura que encuentra, más rápida es la congelación, impidiendo que las burbujas de agua se escapen, lo cual hace más opaca la capa de hielo. Cuando alcanza un peso suficiente, el granizo, que puede tener desde el tamaño de un guisante hasta el de un pomelo, cae al suelo.

Las tormentas de hielo

Las tormentas de hielo se producen en condiciones muy especiales. Dejan a su paso daños, en ocasiones, importantes y un paisaje asombrosamente bello.

Lluvia con verglás

Las tormentas de hielo empiezan con nieve y viento, un viento muy fuerte, señal de un enfrentamiento entre masas de aire de temperaturas diferentes. Después, llega la lluvia. Esta lluvia tan especial se congela en cuanto toca una superficie y recubre el suelo, los árboles y los edificios con una capa de verglás, y, a veces de escarcha. Cuando la lluvia persiste y el hielo se acumula, se habla de tormenta de hielo. Estas tormentas, que transforman las carreteras en pistas de patinaje, rompen las ramas de los árboles debido al peso del hielo, destruyen las líneas eléctricas en pleno invierno y pueden tener consecuencias dramáticas.

Las tormentas de hielo impiden la circulación de vehículos, pero también provocan daños importantes, sobre todo la destrucción de líneas eléctricas y telefónicas.

La formación de las tormentas de hielo

Las tormentas de hielo se forman a nivel de un frente cálido, cuando una masa de aire caliente penetra en el interior de una masa de aire frío. La masa de aire caliente queda entonces atrapada entre dos masas atmosféricas frías y secas, y esta formación particular es la que provocará la lluvia con verglás. La humedad de la masa cálida toma altura para unirse a regiones menos densas (más secas). Allí se encuentra con temperaturas muy bajas y se congela en forma de copos de nieve. Éstos se aglomeran y crecen hasta que su peso los hace caer. Entonces atraviesan de nuevo la capa cálida y se funden. Tras su caída, las gotas de agua llegan a la capa fría próxima al suelo. No obstante, la tensión superficial que las mantiene en forma de gotas les impide congelarse. Éstas permanecen en estado líquido a una temperatura inferior a 0 °C, fenómeno

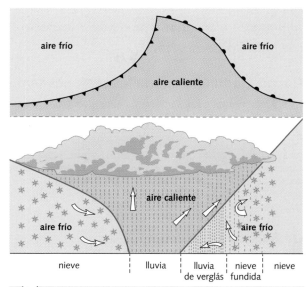

Cuando una masa de aire caliente se encuentra atrapada entre dos masas de aire frío, se produce una tormenta de hielo, caracterizada por una sucesión particular de precipitaciones.

que se conoce con el nombre de sobrefusión (diversos experimentos de laboratorio han demostrado que el agua pura en forma de gotas podía mantenerse en este estado hasta una temperatura de –40 °C). Sin embargo, el agua en sobrefusión es extremadamente inestable y el encuentro con la mínima partícula de polvo provoca una congelación inmediata. Esto es lo que ocurre cuando las gotas de agua entran en contacto con el suelo o con cualquier otra superficie fría. La cristalización de grandes gotas de agua sobrefundida produce entonces un hielo transparente, sin burbujas de aire, resistente, fino como el cristal y que puede resultar muy resbaladizo: el verglás.

Bajo una capa de hielo

Del 5 al 9 de enero de 1998, una tormenta de hielo de una intensidad inusual invadió Norteamérica. Montreal quedó cubierta bajo una capa de verglás de 30 cm de grosor. Canadá hubo de lamentar la pérdida de una treintena de personas. El hielo destruyó numerosas instalaciones eléctricas, privando momentáneamente al 60% de los quebequeses de electricidad. Millones de canadienses se vieron sumidos en el frío y la oscuridad, mientras que el suministro de agua potable quedó interrumpido en determinadas zonas.
En esta región confluyen el aire caliente procedente del golfo de México y el aire glaciar del Ártico.

Las glaciaciones

La sucesión periódica de las épocas glaciares e interglaciares en nuestro planeta ha influido enormemente en la evolución de todos los seres vivos.

Cuando la tundra cubría las regiones templadas

En 1,8 millones de años, la Tierra ha experimentado diversas series de glaciaciones. Durante el más fuerte de los episodios de frío intenso, las manadas de renos pacían sobre los musgos y los líquenes que invadían Europa meridional. Los glaciares se extendían hasta Escocia y el norte de los Países Bajos. Los inlandsis, algunos de los cuales tenían un grosor de 3 000 m, recubrían zonas como Groenlandia, Norteamérica y Siberia. Al haber tanta agua movilizada en los hielos, el nivel de los océanos se redujo un centenar de metros. Por debajo de los trópicos los bosques no pudieron resistir la sequía y los desiertos se extendieron. Durante los períodos interglaciares que siguieron, los hipopótamos se bañaban en el Támesis...

Un fenómeno cíclico

A lo largo de la era cuaternaria (desde hace 1,8 millones de años hasta nuestros días), las glaciaciones se sucedieron a un ritmo de una cada 100 000 años. Éstas duraban alrededor de 80 000 años, para, posteriormente, evolucionar hacia el calor durante un período de 20 000 años. Actualmente nos encontramos al final de un período interglaciar. Esta periodicidad se debe a la variación de la trayectoria de la Tierra alrededor del Sol, tal como demostró el matemático Milutin Milankovich en 1924. La Tierra describe una órbita elíptica alrededor de su estrella, pero se deforma en función de la atracción ejercida por los astros vecinos. La elipse es, pues, más o menos alargada y el eje norte-sur del planeta está más o menos incli-

En el momento álgido de los períodos glaciares, América del Norte y gran parte de Europa tenían un aspecto parecido a este paisaje de Groenlandia.

80

Al final de la última glaciación, hace 12 000 años, el sur de Europa estaba completamente cubierto de estepas frías, pobladas por mamuts, rinocerontes peludos y renos.

Tierra «bola de nieve»

Dos glaciaciones extraordinarias afectaron a nuestro planeta hace entre 760 y 700 millones de años y entre 620 y 590 millones de años, respectivamente. La Tierra parecía entonces una auténtica bola de nieve. La banquisa cubría prácticamente todos los océanos con varios kilómetros de hielo. Sólo algunas zonas-refugio cerca del ecuador permitieron la supervivencia de unos pocos seres vivos, algas y hongos. Estos ecosistemas lograron, por aislamiento de las poblaciones, una gran diversidad de evolución. Tras las extinciones masivas provocadas por las glaciaciones, el planeta conoció una explosión de formas de vida: los supervivientes colonizaron una Tierra prácticamente virgen, adaptándose rápidamente a hábitats de nuevo diversificados.

nado en relación con el plano de su órbita. Por último, la Tierra no ocupa la misma posición en relación con el Sol en todas las épocas del año. Todos estos parámetros influyen sobre la cantidad de energía solar recibida según la latitud y la estación. Éstos modifican la circulación de las corrientes atmosféricas y oceánicas, y, como consecuencia, todo el clima del planeta se ve perturbado.

La glaciología como prueba

La extracción de muestras de hielo cerca de los polos, así como de muestras de sedimentos calcáreos en los altos fondos marinos, permitió confirmar la teoría de Milankovich en la década de 1970. En efecto, la nieve de los inlandsis y las conchas de los animales marinos se depositan en capas sucesivas, dejando constancia, al mismo tiempo, del clima de diferentes épocas. Sin embargo, estos testimonios no permiten remontarnos más allá del cuaternario, por lo que el clima de los períodos precedentes es un gran desconocido.

L a atmósfera terrestre determina la aparición de numerosos fenómenos, algunos de los cuales no dejan de sorprendernos, por no decir maravillarnos. Entre ellos, por ejemplo, los espejismos, que nacen de la curvatura de los rayos luminosos debido a las variaciones de densidad de la atmósfera. O el rayo, que cae cuando el cielo se ensombrece con nubes cargadas de electricidad. O, por último, las auroras polares, que son muestra del impacto de un viento procedente del Sol sobre la ionosfera, una de las capas más altas de la atmósfera.

Una aurora boreal ilumina el cielo cerca de Fairbanks, en Alaska. El color rojo, poco habitual, es prueba de un fenómeno que tiene lugar a gran altitud.

Espectáculos
del cielo

Los espejismos

Los espejismos son simples ilusiones ópticas. Aparecen cuando la atmósfera se divide en varias capas con temperaturas lo suficientemente distintas.

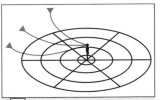

🔍 **Cuando el suelo** se sobrecalienta, los rayos luminosos recibidos por el observador se curvan hacia el suelo.

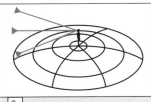

🔍 **El observador** piensa que los rayos luminosos son rectilíneos y tiene la sensación de encontrarse a cierta altura.

Historia de una imagen

Todos los puntos de la superficie de un objeto ilu minado reenvían rayos de luz en todas las direc ciones. Cuando observamos dicho objeto, nuestr ojo capta una parte de estos rayos luminosos qu van a parar a una especie de pantalla de cine e miniatura, la retina, que muestra la imagen re construida a partir de los rayos luminosos capta dos. De hecho, esta membrana está formada po una yuxtaposición de receptores sensoriales que excitados por la luz, envían una señal al cerebro donde se procesa la información luminosa. L imagen es analizada por áreas especializadas de cerebro, el cual «traduce» la realidad: lo que no sotros percibimos no es, de hecho, la estricta rea lidad, sino una interpretación, por parte del cere bro, de dicha realidad.

Rayos luminosos con prisa

El cerebro interpreta todas las incidencias lumino sas como si éstas procedieran en línea recta del ob jeto observado. Sin embargo, no siempre es así. D

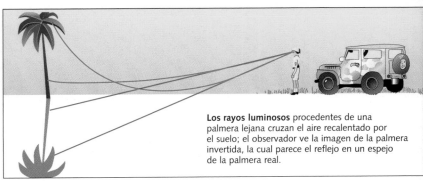

Los rayos luminosos procedentes de una palmera lejana cruzan el aire recalentado por el suelo; el observador ve la imagen de la palmera invertida, la cual parece el reflejo en un espejo de la palmera real.

Los **espejismos** son habituales en el Sahara. El oasis a menudo se encuentra mucho más lejos de lo que creemos...

...echo, la luz viaja por los distintos medios tomando caminos (los rayos luminosos) que no siguen necesariamente líneas rectas. Según el principio de base de la óptica geométrica, enunciado por Pierre de Fermat en 1650, la luz toma, de entre todos los caminos posibles, aquel que puede recorrer en un tiempo mínimo. Ahora bien, la luz se propaga más lentamente cuanto más densos son los medios. Por ese motivo, a veces el rayo luminoso toma atajos no rectilíneos, exactamente igual que el conductor de un vehículo evitaría las vías más concurridas para llegar antes a una cita.

Ver algo donde no lo hay

En la práctica, cuando un suelo tiene una temperatura muy diferente a la temperatura de la atmósfera (por encima de la banquisa soleada o de la arena del desierto, por ejemplo), el aire que lo cubre forma capas no homogéneas, con una temperatura que aumenta o disminuye de forma gradual.

La densidad de un gas está directamente relacionada con su temperatura: cuanto más caliente está, mayor es el volumen que ocupa y más baja es su densidad. Así, en el desierto, la densidad de la atmósfera varía de modo considerable entre las capas que están en contacto directo con el suelo (muy calientes) y las capas situadas a la altura de los ojos (más frías). El rayo luminoso, antes de llegar a la retina, «toma» las capas próximas al suelo; el cerebro lo interpreta como si procediera de un origen en línea recta, es decir, por debajo de la situación real del objeto; así pues, se puede contemplar un objeto donde no está. En ocasiones sucede que varios rayos luminosos alcanzan el ojo, representando todos los trayectos posibles de la luz recorridos en una misma cantidad de tiempo mínima: entonces aparecen varios espejismos, de los que ninguno corresponde a la realidad.

Mapa *(páginas siguientes)*

Las auroras polares, poco habituales en latitudes medias, son frecuentes cerca de los polos, puesto que en ellos el escudo geomagnético de la Tierra es más débil. Debido a los fuertes movimientos verticales de aire que se producen en el interior de las nubes que sobrepasan los continentes, los relámpagos son más frecuentes que en los océanos. Además, en la zona de convergencia intertropical hay una intensa actividad de rayos.

Espejismos gravitacionales

En su teoría de la relatividad general, Einstein supuso que los objetos masivos (como las estrellas) curvan el espacio-tiempo. Toda partícula, y especialmente los fotones que constituyen los rayos luminosos, sería desviada a las proximidades, fenómeno que daría lugar a espejismos gravitacionales. La prueba de ello se obtuvo en 1979, con la primera observación de la imagen doble de una galaxia lejana. El estudio de los efectos de la lente gravitacional permite hoy en día cartografiar el universo mostrando la presencia de objetos masivos invisibles.

Espectáculos del cielo

Auroras polares y relámpagos

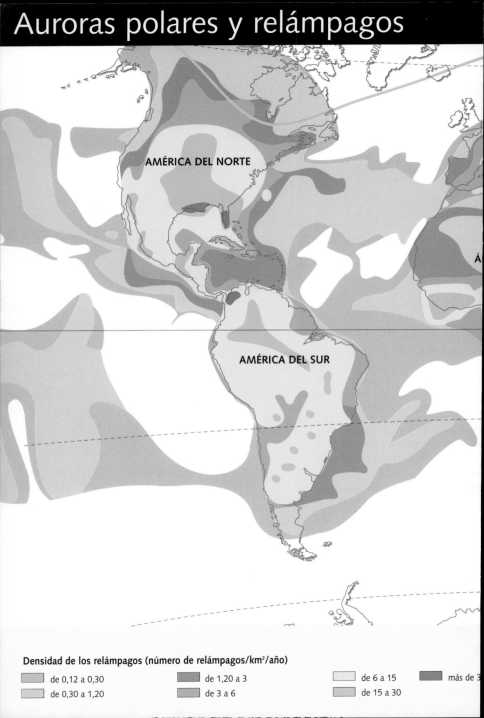

AMÉRICA DEL NORTE

AMÉRICA DEL SUR

Á

Densidad de los relámpagos (número de relámpagos/km²/año)

- de 0,12 a 0,30
- de 0,30 a 1,20
- de 1,20 a 3
- de 3 a 6
- de 6 a 15
- de 15 a 30
- más de 3

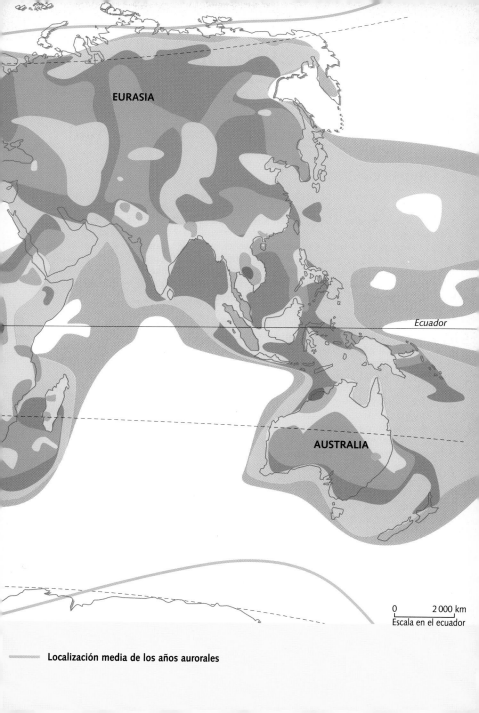

EURASIA

Ecuador

AUSTRALIA

0   2 000 km
Escala en el ecuador

Localización media de los años aurorales

Rayos y relámpagos

El rayo posee la belleza del diablo. Trazando un camino caótico en el cielo, alcanza el suelo en un punto de impacto imprevisible, provocando a la vez miedo y admiración.

Nubes eléctricas

El rayo nace en el interior de las nubes de tormenta. Estos enormes cumulonimbos oscuros se hallan a aproximadamente 2 km de altitud y pueden extenderse a lo largo de más de 10 km. Dentro de su masa en forma de yunque albergan cientos de miles de toneladas de agua en forma de gotitas de agua sobrefundida y de cristales de hielo.
Las nubes de tormenta son especialmente inestables, puesto que experimentan grandes diferencias de temperatura, debido al choque entre dos masas atmosféricas o al calor almacenado en el suelo (entonces se denominan tormentas de calor). Esta inestabilidad se traduce en movimientos de convección que pueden alcanzar los 70 km/h. Los frotamientos entre gotas de agua y partículas de hielo generan electricidad.
Cuando la diferencia de potencial creada de este modo es demasiado fuerte, se produce una descarga eléctrica. El 90 % de las descargas tienen lugar en el interior de la nube. El resto afecta al suelo, siguiendo un mecanismo muy particular: una «predescarga» poco luminosa progresa dando saltos hacia abajo. Cuando este «trazador» llega a una decena de metros del suelo, una descarga ascendente sube hacia él. Su encuentro genera entonces un arco eléctrico muy luminoso que se arremolina en el canal trazado desde el suelo: el relámpago es ascendente. En ocasiones puede ocurrir, sobre todo en la montaña, que la primera descarga sea ascendente; en ese caso, se trata de un relámpago descendente.

Las consecuencias del rayo

Se calcula que en el mundo se produce una media de 100 relámpagos por segundo, que causan daños considerables. Esto se debe a la gran cantidad de energía contenida en el rayo. La descarga eléctrica de un relámpago

La violencia del rayo ha destruido parte del tejado de la iglesia de este pueblo francés.

Los relámpagos siguen trayectorias aleatorias en el cielo, lo que hace imposible cualquier previsión. Aquí, el cielo de San Francisco.

s del orden de un millón de voltios, con una potencia equivalente a la de cien millones de ombillas normales. La energía canalizada de este modo se transforma en luz (el relámago propiamente dicho), en energía acústica (el trueno) y en calor. La temperatura del rco eléctrico alcanza alrededor de unos 30 000 °C.

os daños materiales se deben principalmente al calentamiento de las estructuras de los dificios y a la radiación electromagnética que perjudica las instalaciones eléctricas e inormáticas. En el hombre, los efectos pueden ser extremadamente diversos: así, puede suder que una persona víctima de un rayo salga indemne, pero que su ropa se haya volalizado. Esto es posible cuando la descarga es suficientemente fuerte como para ropagarse por arco eléctrico por la superficie de la piel evitando, de este modo, el cuero. En el caso contrario, la electricidad y el calor pueden dañar gravemente los órganos or los que pasa la descarga.

a protección

pararrayos clásico ha demostrado ser eficaz en la rotección de edificios. Compuesto de una varilla meálica clavada en el suelo, desvía el rayo hacia sí misno. Desde hace unos veinte años, los investigadores ntentan provocar relámpagos con la ayuda de un ayo láser que, al ionizar la atmósfera, trazaría un camino preferencial para la descarga eléctrica. Los proresos alcanzados con estos rayos deberían permitir a la técnica hallar una solución en un futuro próximo.

Rayo en bola

Los rayos en bola son un fenómeno poco habitual. Estos rayos estarían formados por unas bolas luminosas de unos 30 cm de diámetro que girarían aproximadamente a 1 m del suelo durante algunos segundos antes de desaparecer o explotar. Aunque numerosos testigos avalan su existencia, son un enigma científico.

Las auroras polares

Visibles cerca de los dos polos terrestres, las auroras boreales y australes son rastros visibles de la colisión del viento solar con nuestra atmósfera.

Cortinas tornasoladas

Las auroras polares aparecen como un chal tornasolado en el cielo en las latitudes altas, al nivel de los círculos polares. Son extremadamente extrañas en las latitudes medias. Se las conoce como auroras boreales en el norte y auroras australes en el sur. Estos velos luminosos parecen estar pendidos a un centenar de kilómetros de altitud y descender hasta algunos centenares de metros, allí donde la densidad de la atmósfera es capaz de detener el fenómeno. Su grosor es por lo general infe rior a 1 km, pero pueden rodear el globo a lo largo de miles de kilómetros. Cambian rápi damente de forma, de intensidad y de esfera de influencia. Aunque por la noche percib con dificultad los colores, las au roras polares se muestran en ge neral de color blanco con algunc reflejos verdes, amarillos o azule y excepcionalmente rojos. Dura por lo general algunos minutos en ocasiones, algunas horas.

zona auroral

ionosfera

zona auroral

⌨ **Las partículas solares** entran en contacto con la ionosfera, la parte más elevada de la atmósfera, a través de dos anillos situados cerca de los polos.

En el viento solar

Las auroras polares señalan impacto del viento solar con atmósfera terrestre. La alta at mósfera del Sol está compuest de partículas (electrones, protc nes) calentadas a millones d grados. A dicha temperatur estas partículas poseen una gra velocidad: unos 150 km/s en caso de los protones y 5 00 km/s en el de los electrones, má ligeros. Con tal agitación, lc electrones tienen tendencia a es capar de la gravedad del Sol par dispersarse en el espacio, arras trando con ellos a los protones

algunos átomos (de he-
), sobre todo) cargados
éctricamente. El plasma
rmado, que se escapa de
anera continua en nues-
a estrella, forma el viento
ue cubre todo el sistema
olar.

u velocidad y densidad
ependen de su origen,
e manera que aumentan
uando las partículas proce-
en de regiones activas del
ol, como las manchas o las
rotuberancias. Cuando al-
unza la órbita terrestre,
proximadamente al cabo
e cuatro días de viaje, el
ento solar contiene una
edia de cinco partículas
or centímetro cúbico.

Las auroras polares ostentan, en general, tonos amarillos
y verdes, característicos de la energía liberada debido a la colisión
de partículas cargadas con los átomos de oxígeno presentes
a 100 de altitud.

)estino: los polos

uestro planeta está rodea-
o de un campo magnéti-
o debido a los movimien-
os de su núcleo fluido. Cuando se acercan a la Tierra, las partículas solares, que se
ncuentran cargadas eléctricamente, son atrapadas por el campo magnético terrestre, que
s dirige hacia los polos magnéticos. En ese lugar, y a través de un anillo que rodea a cada
olo (más ancho a nivel del polo por la noche que durante el día), éstas entran en contacto con los átomos de la atmósfera en su parte más
elevada: la ionosfera.

Las colisiones excitan a estos átomos (constituidos por
oxígeno y nitrógeno principalmente), que distribuyen
así la energía almacenada. Los rayos resultantes poseen
longitudes de onda características de la molécula y de su
estado químico.

Los átomos de oxígeno, en el estado que adoptan a
100 km de altitud, reenvían luz de una tonalidad entre
amarilla y verde y, si la colisión ha tenido lugar a más altura, su color es rojo. Los átomos de nitrógeno, a baja
altitud, emiten luz de color rojo claro; cuando se encuentran a mayor altitud, en forma ionizada, emiten luz
violeta.

Las auroras polares son, pues, el reflejo de la composición de las capas altas de la atmósfera.

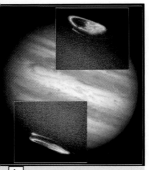

Las auroras polares no son
exclusivas de la Tierra. Aquí las
vemos sobre Júpiter.

R esplandores cual cabellos plateados surcando el cielo nocturno o lluvias de piedras abatiéndose sobre la Tierra. Los cometas y los meteoritos han sido interpretados durante mucho tiempo como un mal augurio. Hoy en día, sin embargo, el estudio de estos fenómenos celestes se ha convertido en uno de los retos científicos del siglo XXI. Tal vez en ellos encontraremos no sólo el motivo de la extinción de determinadas especies, sino también, y sobre todo, el origen de la vida en nuestro planeta. En los orígenes de la Tierra, los cometas y los asteroides respondían a una extraña alquimia...

Las espectaculares lluvias de meteoritos de las Leónidas en noviembre de 1999 y noviembre de 2003 se debieron al paso del cometa Swift-Tuttle.

Fenómenos cósmicos

Los cometas, mensajeros del cielo

El papel de mensajeros atribuido a los cometas parece innegable. Antiguamente servían para predecir el futuro y hoy en día son objeto de estudio con la esperanza de que nos revelen... el pasado.

Los cometas a lo largo de la historia

¿Qué son los cometas y cuál es su naturaleza? Esta pregunta que los antiguos griegos (quienes les dieron el nombre de *kometes*, «astro cabelludo») ya se hacían hace 2 500 años no encontró una respuesta satisfactoria hasta finales del siglo XX.

En el siglo VI a. J.C., los pitagóricos consideraban a los cometas objetos celestes cuya trayectoria podía equipararse a la de los planetas y cuyo regreso podía, por lo tanto, preverse. No estaban equivocados. Sin embargo, dos siglos después, la escuela aristotélica llegó a una conclusión muy diferente: los cometas eran meteoros ígneos de la alta atmósfera, parecidos a los incendios o a los vapores terrestres. No se trataba de objetos reales, sino únicamente de apariciones de fuego, ilusiones, pertenecientes al mundo sublunar.

Tapiz de Bayeux. En 1066, el rey Harold de Inglaterra, tras ver aparecer un cometa en el cielo, predijo que iba a perder la batalla de Hastings contra el duque de Normandía, Guillermo el Conquistador.

¿Buen presagio o no?

Según los babilonios, un cometa que desaparecía en dirección sur anunciaba una buena cosecha. ¡El afortunado nacimiento de César, y después el de Mitrídates, habrían sido anunciados por el paso de un cometa que brillaba incluso más que el Sol! En cambio, cuenta la tradición que la muerte del emperador romano Vespasiano y la de Mahoma habrían sido causadas por el paso de un cometa. La lista de presagios, buenos o malos, asociados a los cometas podría alargarse indefinidamente; en todo caso, este tipo de interpretaciones se prolongó hasta principios del siglo XX, en 1910, cuando muchos creyeron ver en el paso del cometa Halley el anuncio de la primera guerra mundial.

Con sus dos colas totalmente visibles, una azul (constituida por gases ionizados) y otra amarilla (que contiene polvo), el cometa Hale-Bopp apareció en el cielo durante el invierno de 1997.

Esta última teoría prevaleció durante casi 2 000 años, hasta las mismas puertas del siglo XVII. En efecto, fue en el año 1597 cuando el astrónomo danés Tycho Brahe anunció, tras doce años de estudios sobre los cometas, que éstos pasaban muy por detrás de la Luna y que se trataba de objetos materiales parecidos a los planetas.

El estudio de los cometas por fin empezaba a tener una base científica.

El regreso de los cometas

En 1680, Isaac Newton, mientras observaba un cometa, constató que acompañaba al Sol noche y día y pensó que giraba alrededor del astro, atraído por él. Estableció el cálculo de su trayectoria y demostró que los cometas giraban alrededor del Sol siguiendo un trayecto elíptico (es decir, una curva plana, de forma más o menos alargada, siendo uno de sus focos el Sol) o bien hiperbólico (con un segundo foco situado en el infinito, en cuyo caso el cometa no regresa nunca más).

En 1705, Edmund Halley, tras constatar las sorprendentes analogías en las observaciones de cometas efectuadas en 1682, en 1606 e incluso en 1531, estableció que se trataba de un solo cometa que regresaba cada 76 años. Calculó su regreso para el año 1758. Era la primera vez que se preveía el regreso de un cometa. Le dieron su nombre: el cometa Halley.

Mapa *(páginas siguientes)*

Cuando no han sido totalmente disgregados por la atmósfera, los restos de cometas o de asteroides que caen sobre la Tierra pueden provocar profundos impactos: los astroblemas, cuyas cicatrices siguen siendo visibles tras millones de años. Estadísticamente, el 70 % de estos objetos caen en los océanos, hecho que no se ha reflejado en este mapa.

Los astroblemas

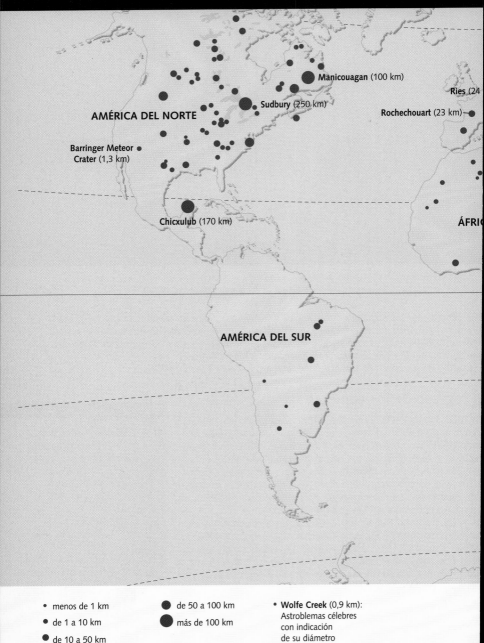

AMÉRICA DEL NORTE

Manicouagan (100 km)

Sudbury (250 km)

Ries (24

Rochechouart (23 km)

Barringer Meteor
Crater (1,3 km)

Chicxulub (170 km)

ÁFRI

AMÉRICA DEL SUR

- menos de 1 km
- de 1 a 10 km
- de 10 a 50 km
- de 50 a 100 km
- más de 100 km

- **Wolfe Creek** (0,9 km):
  Astroblemas célebres
  con indicación
  de su diámetro

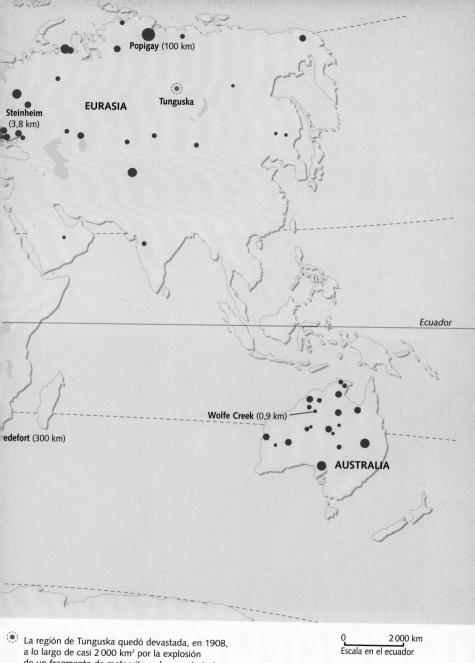

Popigay (100 km)

EURASIA

Tunguska

Steinheim
(3,8 km)

Ecuador

Wolfe Creek (0,9 km)

edefort (300 km)

AUSTRALIA

La región de Tunguska quedó devastada, en 1908,
a lo largo de casi 2 000 km² por la explosión
de un fragmento de meteorito o de cometa justo
antes de alcanzar el suelo.

0   2 000 km
Escala en el ecuador

Polvo, plasma y bola de nieve

Cuando se encuentra en los confines del sistema solar, un cometa está constituido por una enorme bola de nieve sucia, de varios kilómetros de diámetro. Además de agua helada, en ella encontramos una especie de corteza de polvo, bastante oscura, compuesta por diversos materiales, entre ellos carbono y oxígeno, así como azufre, silicio y magnesio.

Cuando se acerca al Sol, esta bola de nieve se empieza a fundir, dejando tras ella un reguero de dos componentes: una primera cola de polvo que se mezcla con el agua fundida, de color amarillento, y otra azulada, lla-

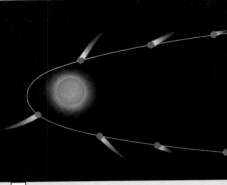

Al acercarse al Sol, la nieve que forma el cometa empieza a fundirse, dejando tras ella una doble cola de desechos que puede extenderse a lo largo de millones de kilómetros.

mada de plasma. Este plasma está constituido por los gases que se escapan del cometa que son ionizados por la luz del Sol (de aquí el color azul). Al ser repelidas por el viento solar emitido por nuestra estrella, las dos colas se desarrollan siempre en la dirección opuesta al Sol sobre la trayectoria del cometa.

Los cometas procedentes de la nube de Oort siguen unas órbitas muy alargadas, más allá del plano orbital de los planetas.

Cometas de Oort...

Tras la formación del sistema planetario, un gran número de cuerpos rocosos que gravitaban más allá de las órbitas de los cuatro planetas gigantes fueron expulsados a los confines del sistema solar, impulsados por su influencia gravitacional. El resultado fue una especie de halo de objetos diversos que englobaba todo el sistema solar y que gravitaba a una distancia de entre 0,1 y 0,5 años luz: la nube de Oort.

Ocasionalmente ocurre que el paso de otra estrella por las proximidades del Sol, o bien la presencia de gas y de polvo cerca de una nebulosa, perturba la nube de Oort y propulsa algunos de sus elementos (los cometas) en la dirección del astro. Las órbitas de estos cometas tienen unas elipses muy alargadas, que a veces son hipérboles (en este último caso, éstos no regresan nunca). Entre una aparición y la siguiente de estos cometas «jóvenes» transcurren períodos de tiempo muy largos (el cometa Hale-Bopp, por ejemplo, visible en 1997, no volverá hasta el año 6300). Sin embargo, a medida que van pasando, los cometas «envejecen», ralentizados cada vez más por la gravitación alrededor del Sol. El cometa Halley, de un período de 76 años, es relativamente viejo, aunque menos que el cometa Encke, cuyo período es de 3,3 años.

Esta fotografía del cometa Halley tomada por la sonda Giotto en 1986 muestra el núcleo del cometa: una bola de nieve sucia.

Los cometas y la Tierra

Cuando la Tierra todavía era muy joven y estaba desprovista de atmósfera, millones de cometas la bombardearon. Hoy en día, el rastro de los impactos ha desaparecido por acción de los terremotos y los volcanes. Se cree que las enormes cantidades de nieve y de hielo fundido traídas por los cometas ayudaron a llenar nuestros océanos.
Incluso en la actualidad, miles de antiguos cometas, divididos en pequeños fragmentos, cruzan la Tierra, pero la atmósfera los consume casi por completo, transformando dichos fragmentos en «estrellas fugaces» y sin permitir que lleguen al suelo más que ínfimas partículas de polvo: los meteoritos.

... o cometas de Kuiper?

En la década de 1990, se descubrió que también se escapaban algunos cuerpos del cinturón de Kuiper, otro «depósito celeste» situado más allá de Neptuno. Estos cuerpos también se convierten en cometas (los cometas de Kuiper), cuyo plan orbital se confunde con el de los planetas.
Puesto que son coetáneos a la formación del sistema solar, los cometas de Oort o de Kuiper pueden proporcionarnos numerosos datos sobre las condiciones existentes durante el nacimiento de los distintos planetas, y entre ellos especialmente el nuestro, la Tierra.

Los meteoritos, hijos de los cometas

Los meteoritos, en forma de rocas que caen sobre la Tierra o de delicados arabescos incandescentes (las «estrellas fugaces»), son casi todos hijos de los cometas.

Después de los cometas, la lluvia

En su órbita alrededor del Sol, la Tierra se encuentra con polvo, guijarros (¡incluso rocas!), que van transitando por nuestro sistema solar. Algunos de estos objetos proceden de los asteroides, pero la mayor parte proviene de los cometas.

Cuando se acerca al Sol, un cometa se consume, de manera que pierde una enorme cantidad de material (de 20 a 30 toneladas por segundo), básicamente agua y polvo, pero también numerosos fragmentos rocosos. Tras su paso, estos restos permanecen un tiempo en órbita alrededor del Sol antes de dispersarse. Cuando la órbita de la Tierra se cruza con estas condensaciones de restos cometarios, nuestro planeta recibe una auténtica «lluvia» de restos. De este modo, hoy en día se relaciona cada, o casi cada enjambre de meteoritos con el paso o el trayecto de un cometa: el cometa Swif-Tuttle en el caso de las Perseidas del mes de agosto, el cometa Temple en el de las Leónidas de noviembre, por citar algunos ejemplos.

Cae una media de 250 toneladas de restos de cometas al día sobre la Tierra. Al entrar en contacto con la atmósfera, estos restos (o meteoritos) se inflaman, dejando una estela incandescente: el meteoro.

Doscientas cincuenta toneladas al día

La Tierra, al girar a tan sólo 150 millones de kilómetros del Sol, es alcanzada por lluvias meteoríticas de las cuales unas 400 000 toneladas de fragmentos alcanzan el suelo cada año (es decir, 250 toneladas al día). Esta última cifra puede parecer impresionante, pero la Tierra es amplia: desde un punto de vista estadístico, eso significa que cae una media de un meteorito de más de 00 g cada millón de años en 1 km². Sin embargo, se conocen unos diez casos de accidentes producidos por la caída de meteoritos que, en tres siglos, han matado a personas o bien destruido tejados de casas.

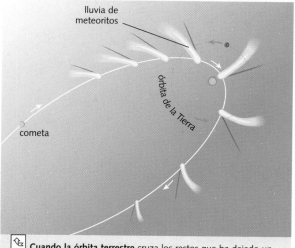

Cuando la órbita terrestre cruza los restos que ha dejado un cometa, se produce una lluvia de meteoritos.

Los meteoritos: estrellas fugaces...

Cuando uno de los restos cometarios llega a la atmósfera terrestre, su velocidad es del orden de entre 50 000 y 250 000 km/h. Se ha convertido en un meteorito. Al entrar en contacto con las altas capas atmosféricas, hacia los 80 km de altitud, este meteorito experimenta un frotamiento muy violento con una de las capas de la atmósfera, la mesosfera, lo que lo ralentiza considerablemente y lo convierte en incandescente. El aire queda entonces electrizado por el paso del meteorito en llamas, el cual deja un rastro azul a su paso: es lo que se llama una estrella fugaz o, más científicamente, un meteoro. Las estrellas fugaces, por lo tanto, no son en modo alguno estrellas, sino sencillamente guijarros que se están fundiendo en la misma.

Por lo general, los frotamientos del meteorito con la atmósfera bastan para volatilizarlo totalmente. No obstante, puede ocurrir que una parte no consumida llegue a la superficie terrestre...

... o agujeros en el suelo

Cuando alcanza el suelo, un meteorito forma un cráter cuyo aspecto diferirá según su velocidad de caída y su masa: es lo que se denomina astroblema. Si éste es lo suficientemente voluminoso, y por lo tanto muy veloz, toda o parte de su energía cinética se verá invertida en calor en el momento del impacto: en ese caso el meteorito se desintegrará por completo, dejando en el suelo un cráter llamado de explosión. Si, por el contrario, su masa apenas sobrepasa algunos kilos o algunas decenas de kilos, su velocidad

🗝 **Con un diámetro de 1,3 km,** Meteor Crater, en Arizona (Estados Unidos), se formó por el impacto de un meteorito ferroso de 25 m de diámetro que golpeó la Tierra a 15 km/s hace 30 000 años.

LÉXICO

[Astroblema]
Cráter formado por el impacto de un cuerpo sobre un planeta; del griego *astron*, «astro», y *blêma*, «herida».

de caída será más débil. En este sentido, el meteorito producirá un cráter de impacto y permanecerá en medio prácticamente intacto. Actualmente se conoce un centenar de grandes astroblemas provocados por meteoritos, entre los que destaca el famoso Meteor Crater situado en Arizona, con un diámetro de 1 300 m y que se produjo debido al impacto, hace 30 000 años, de un meteorito de 20 m de diámetro.

A cada lluvia, su radiante

Los meteoritos que dan lugar a estrellas fugaces caen a lo largo de todo el año, pero se observan períodos más productivos que corresponden a los momentos en los que la Tierra cruza los enjambres meteoríticos dejados por el paso de determinados cometas.

El nombre de cada enjambre de meteoritos procede del de una constelación: Boótidas por la constelación de Bouvier (*Bootes*), Perseidas por la constelación de Perseo, etc. Efectivamente, en el cielo nocturno, cada meteoro de un mismo enjambre parece proceder de una misma dirección, de un mismo punto común, que se denomina radiante del enjambre. Cuando dicho punto de convergen-

¿Son mortales?

Sólo hay documentada una muerte por impacto de meteorito: la de un monje franciscano en 1644. Sin embargo, los grandes astroblemas (como el Meteor Crater) nos hacen pensar que las lluvias meteoríticas pueden ser muy violentas. Así, se atribuye la desaparición de los dinosaurios hace 65 millones de años a un diluvio de restos cometarios. No son las piedras mismas las que les habrían matado, sino los cráteres de impacto que habrían cambiado el clima, provocando la desaparición del 95 % de las especies que existían en la Tierra en esos momentos.

cia se encuentra en una constelación, o en las proximidades, el nombre del enjambre de meteoritos se toma de ésta. Por lo tanto, en un momento dado y para un enjambre concreto, hay que trasladarse a la dirección de la constelación correspondiente para poder observar un mayor número de estrellas fugaces.

Encontrar meteoritos

A menos que el cráter de impacto sea lo suficientemente grande, es muy difícil encontrar meteoritos en el suelo: mezclados con otros guijarros del terreno, estas pequeñas piedras, ferruginosas o no, son casi imposibles de descubrir. Por este

Producido por un meteorito de varios miles de toneladas, el cráter de Wolfe Creek, en Australia, se ha conservado intacto a pesar de tener un millón de años de antigüedad.

motivo, los buscadores de meteoritos profesionales, que quieren estudiar la composición química de estos testigos de los orígenes del sistema solar, se trasladan a la Antártida o al ártico, donde los meteoritos son fácilmente reconocibles sobre las extensiones de hielo blanco. Muchos aficionados los encuentran siguiendo el mismo principio durante el verano, en los glaciares de las montañas.

Principales enjambres

Nombre	Fecha del máximo *	Número visible en 1 hora	Cometa asociado al enjambre
Boótidas	3 enero	40	Kozik-Peltier
Líridas	21 abril	10	Thatcher
Alfa Acuáridas	4 mayo	20	Halley
Táuridas	30 junio	20	Encke
Delta Acuáridas	29 julio	15	(origen desconocido)
Perseidas	12 agosto	50	Swift-Tuttle
Oriónidas	22 octubre	15	Halley
Leónidas	17 noviembre	10	Temple
Gemínidas	14 diciembre	60	(origen desconocido)

*Cada enjambre puede verse como mínimo diez días antes y después.

Los asteroides

Los asteroides vagan fuera de la órbita de Marte. En ocasiones, algunos nos alarman al acercarse a la Tierra: se trata de los N.E.O, siglas inglesas de «Objetos Cercanos a la Tierra».

Hace 4 600 millones de años...

Una vez el Sol estuvo formado, un determinado número de materiales sin utilizar, rechazados por las expulsiones, entraron en órbita en forma de disco plano. Muy rápidamente, este polvo se aglomeró para formar cuerpos bastante parecidos a los numerosos asteroides actuales, los cuales entraron en colisión, mezclándose para formar los planetas. Los materiales residuales fueron expulsados hacia el exterior del sistema solar, formando el cinturón de Kuiper y la nube de Oort. Otros, los asteroides, se quedaron atrapados en el sistema solar.

Entre Marte y Júpiter: el cinturón de asteroides

Los planetas del sistema solar se encuentran repartidos a distancias que siguen una progresión geométrica; según la ley de Titius-Bode, entre Marte y Júpiter, a unos 400 millones de kilómetros del Sol, debería haber un planeta. En su lugar, a una distancia de entre 300 y 600 millones de kilómetros, se encuentra un amplio cinturón de asteroides. Se supone que se trata de un planeta que nunca se llegó a formar a causa de la gran masa de Júpiter, bastante cercano.

Los asteroides, minúsculos e invisibles a simple vista, sin forma precisa, con diámetro medios de varios kilómetros, han sido ignorados durante mucho tiempo. No se convirtieron en un fenómeno natural conocido por el gran público hasta que, con inquietud, se descubrió que algunos de ellos rozaban la Tierra a muy poca distancia...

La amenaza de los N.E.O.

En el libro *Aterrizaje en la Luna*, Tintín y sus compañeros encuentran el asteroide Adonis lejos del cinturón de asteroides. Se trata de un N.E.O., es decir, un asteroide cuya órbita cruza la de la Tierra, llegando a pasar incluso entre nuestro planeta y la Luna. Se cree que los N.E.O. proceden de las regiones más lejanas del cinturón de asteroides y que son expulsados por Júpiter en dirección al Sol. Una vez lanzados al espacio, son sometidos a la influencia de los diversos planetas y emprenden trayectorias muy excéntricas. Actualmente, hay registrados más de un centenar de ellos cuyo tamaño se aproxima o supera el kilómetro,

El N.E.O. Eros, fotografiado por la sonda Near en 2000, mide 34 km de largo y 13 de ancho.

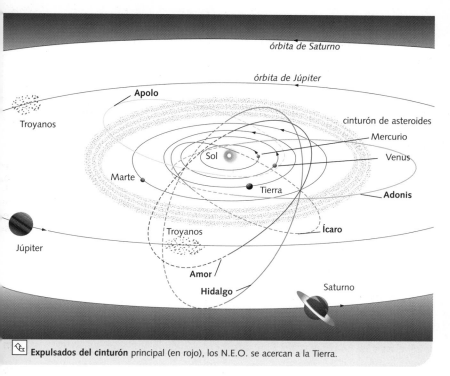

órbita de Saturno

órbita de Júpiter

Apolo

Troyanos

cinturón de asteroides

Mercurio

Sol

Venus

Marte

Tierra

Adonis

Troyanos

Ícaro

Júpiter

Amor

Hidalgo

Saturno

Expulsados del cinturón principal (en rojo), los N.E.O. se acercan a la Tierra.

siendo el Geographos el más grande (40 km). Si uno de ellos colisionara con la Tierra (cada 60 millones de años según las estadísticas), provocaría un cataclismo y formaría un cráter de entre 10 y 200 km de radio.

El impacto de un N.E.O.

El impacto de un asteroide de más de 500 m de diámetro sobre la Tierra, tendría unos efectos devastadores sobre las poblaciones. Los cálculos realizados por los astrónomos para los próximos cincuenta años muestran que no existe ninguna amenaza seria aunque el 7 de agosto de 2027 el asteroide 1999 AN10 deba pasar «sólo» a 400 000 km de nosotros. Sin embargo, no conocemos más que la mitad de las trayectorias de los N.E.O. ¿Un consuelo? Como el 70% de la Tierra está cubierta de océanos, el 70% de los asteroides caen... al agua.

Diversos tipos de asteroides

En función de su distancia con respecto al Sol, se distinguen dieciocho clases de asteroides. En general, están formados por materiales menos densos a medida que uno se aleja del Sol. Los más próximos a nuestra estrella a menudo son ferrosos, o rocosos (de silicatos, básicamente). Más lejos, a una distancia de entre 400 y 600 millones de kilómetros, están formados por carbono, por compuestos orgánicos y por algunos silicatos. Más lejos todavía, cerca de Júpiter, la mayoría están constituidos por compuestos orgánicos y, en ocasiones, hielos de procedencia diversa.

¿ Qué hay más natural que
el fenómeno de los eclipses?
Un cuerpo pasa por delante de otro
y lo tapa casi por completo. Así,
puesto que la Tierra gravita alrededor
del Sol y la Luna lo hace alrededor
de la Tierra, en ocasiones ocurre que
estos tres objetos se alinean,
provocando un eclipse de Luna o
bien un eclipse de Sol.
Del mismo modo, ¿qué hay más
espectacular e inquietante que una
tiniebla repentina en pleno día o la
coloración progresiva de la Luna?
En los 5 000 años de existencia
de la escritura, los relatos que describen
estos acontecimientos se cuentan
por miles.

Eclipse total de Sol fotografiado el 24 de octubre
de 1995 en la India.

Eclipses

El origen de los eclipses

El fenómeno de los eclipses parece bastante simple. Sin embargo, es necesario que se den unas condiciones muy precisas de tamaño, distancia y alineación para que éstos se produzcan.

El tamaño y la distancia adecuados

El trayecto que la Tierra sigue alrededor del Sol es elíptico y, en consecuencia, la distancia que separa a estos dos astros varía entre 147 y 152 millones de kilómetros. Con un diámetro de 1,4 millones de kilómetros, el Sol se muestra, pues, bajo un ángulo comprendido entre los 31 min 28 s y los 32 min 31 s. La distancia que existe entre la Luna y la Tierra oscila entre los 356 000 y los 406 000 km. Con un diámetro de 3 500 km, el disco lunar que se observa desde la Tierra fluctúa entre los 29 min 22 s y los 34 min 8s. Como consecuencia de la similitud de los diámetros, cada vez que la Luna pasa entre la Tierra y el Sol con un diámetro superior al del Sol, ésta lo eclipsa.

En cuanto a los eclipses de Luna, el fenómeno es más sencillo: cuando la Luna se encuentra al otro lado de la Tierra en relación con el Sol, la sombra de la Tierra, que tiene 9 000 km de extensión a la distancia de la Luna, la tapa por completo. Pero entonces surge una pregunta: ¿por qué no se produce un eclipse de Sol y un eclipse de Luna en cada lunación?

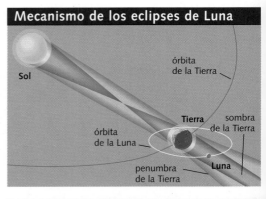

Mecanismo de los eclipses de Luna

Sol · órbita de la Tierra · Tierra · sombra de la Tierra · órbita de la Luna · penumbra de la Tierra · Luna

Una alineación perfecta

Para que un objeto eclipse a otro a nuestra vista, sin duda es necesario que nuestra vista y los dos objetos se encuentren en una misma línea de mira, es decir, en un mismo plano. Ahora bien, la Luna no gira alrededor de la Tierra exactamente en el mismo plano en el que la Tierra gira alrededor del Sol (que

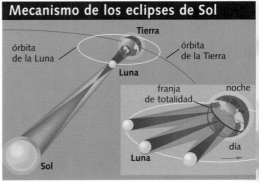

Mecanismo de los eclipses de Sol

Tierra · órbita de la Luna · órbita de la Tierra · Luna · franja de totalidad · noche · día · Luna · Sol

Diversos tipos de eclipses

Bajo el nombre de eclipse Se agrupa a distintos fenómenos. Durante los eclipses de Luna, ésta no desaparece por completo, sino que sigue iluminada con unas intensidades y colores diferentes. Durante los eclipses de Sol, este astro desaparece totalmente en determinados lugares de la Tierra y parcialmente en otros (en los que la Luna sólo oculta una parte del Sol). Por último, si durante un eclipse de Sol la Luna se encuentra demasiado lejos de la Tierra, su disco no cubrirá por completo el disco solar, dejando un anillo de luz: se tratará entonces de un eclipse anular.

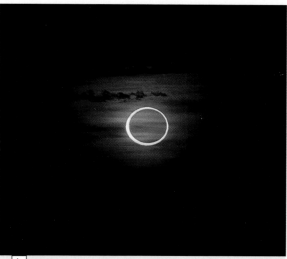

Cuando la Luna está demasiado lejos de la Tierra, se produce un eclipse anular de Sol (aquí, Marruecos, en abril de 1994).

se denomina «plano de la eclíptica»): su plano forma un ángulo de 5,9° con el plano de la eclíptica. Los eclipses son posibles porque el plano de la órbita lunar pivota sobre sí mismo lentamente, según un eje perpendicular al plano de la órbita terrestre, en un ciclo que tiene una duración de 18,61 años. Así, durante este período la Tierra, la Luna y el Sol se encuentran alineados en diversas ocasiones sobre lo que se denomina *la línea de nodos*. Si, en ese momento, la Luna se encuentra a la distancia adecuada de la Tierra, entonces, se asiste a un eclipse total de Sol.

A cada uno su saros

En realidad, la órbita lunar presenta unas irregularidades que hacen que el ciclo de 18,61 años se vea reducido a 18 años, 11 días y 8 horas: este ciclo se denomina saros.

Se produce un eclipse de Sol a una latitud determinada todos los saros. A una latitud determinada pero no en un punto determinado. En efecto, el saros no corresponde a un número exacto de días, debido a sus 8 horas de desfase. Después de 18 años y 11 días, el eclipse tiene lugar 8 horas más tarde que la vez anterior, es decir, 120° más al oeste.

LÉXICO

[Línea de nodos]
Línea que une las intersecciones de la órbita de un cuerpo en movimiento con un plano de referencia: en los eclipses, línea de las intersecciones del plano de la órbita lunar con el plano de la eclíptica.

Mapa *(páginas siguientes)*

Una vez conocidos os movimientos de la Luna alrededor de la Tierra y los de la Tierra alrededor del Sol es posible prever la fecha de los eclipses de Sol, así como su duración y la longitud de su franja de totalidad. Aun así, todo esto requiere unos cálculos tan complejos que no pudieron ser dominados hasta el siglo XVIII. Los eclipses de Luna son más fáciles de prever.

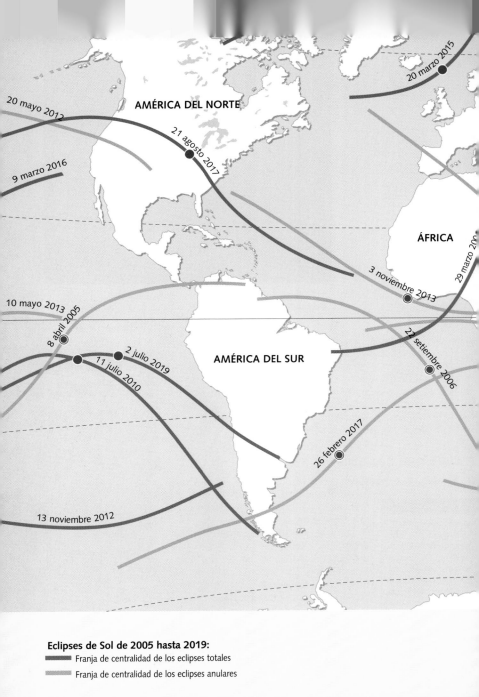

20 mayo 2012

9 marzo 2016

20 marzo 2015

AMÉRICA DEL NORTE

21 agosto 2017

ÁFRICA

3 noviembre 2013

29 marzo 20

10 mayo 2013

8 abril 2005

2 julio 2019

11 julio 2010

AMÉRICA DEL SUR

22 setiembre 2006

26 febrero 2017

13 noviembre 2012

Eclipses de Sol de 2005 hasta 2019:
Franja de centralidad de los eclipses totales
Franja de centralidad de los eclipses anulares

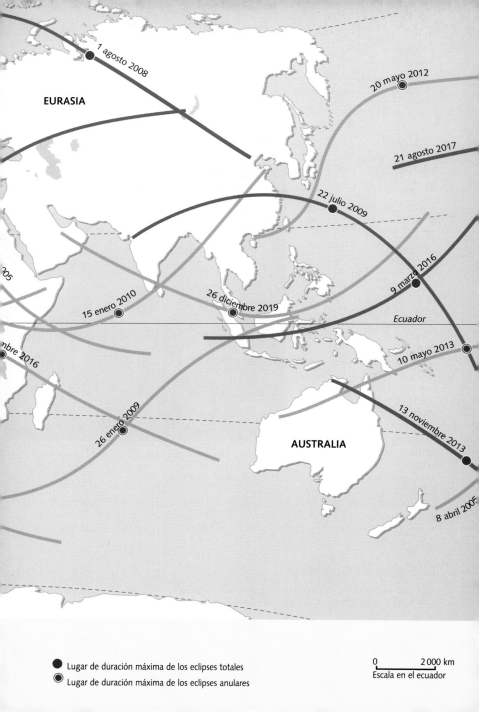

EURASIA

1 agosto 2008

20 mayo 2012

21 agosto 2017

22 julio 2009

9 marzo 2016

15 enero 2010

26 diciembre 2019

Ecuador

10 mayo 2013

...mbre 2016

...05

26 enero 2009

13 noviembre 2013

AUSTRALIA

8 abril 2005

● Lugar de duración máxima de los eclipses totales
◎ Lugar de duración máxima de los eclipses anulares

0   2 000 km
Escala en el ecuador

Los eclipses de Sol

> *La desaparición del Sol en pleno día se encuentra entre los fenómenos más inquietantes que la humanidad puede presenciar y va acompañada de múltiples manifestaciones asombrosas.*

La llegada de la Luna

El eclipse de Sol empieza cuando la Luna comienza a «roer» poco a poco la superficie de nuestra estrella por la derecha. Para seguir su progresión, son necesarias unas gafas especiales o, si se utilizan prismáticos, cubrirlos con un filtro solar para evitar quemarnos irremediablemente los ojos. En efecto, mirar la luz solar es muy peligroso. Puesto que las gafas de sol no son en absoluto eficaces para observar directamente el astro solar, utilizamos unos filtros que no dejan pasar más que 1/1 000 o 1/10 000 de la intensidad luminosa general.

La disminución de la luminosidad se nota cuando el eclipse es prácticamente total y la Luna cubre el 90 % de la superficie solar. Durante el paso de la Luna por delante del Sol, en el suelo se produce un fenómeno curioso: las manchas luminosas que se encuentran a la sombra de los árboles adquieren una forma elíptica, alargada, escotadas todas por el mismo lado, al igual que el Sol parcialmente eclipsado.

Evolución del eclipse total de Sol del 11 de agosto de 1999 en Francia. Los clichés se tomaron con intervalos de 5 minutos aproximadamente.

El efecto de diamante

Algunos segundos o decenas de segundo antes de la fase de totalidad, se observan algunos puntos luminosos en el borde del Sol. Estos puntos, llamados perlas de Baily, se deben al paso de los últimos rayos solares a través del relieve lunar. El último punto será el más luminoso, puesto que la noche ya se ha instalado en el cielo. Este fenómeno, que sólo dura entre 3 y 5 segundos, se conoce como efecto de diamante.

Eclipse total de Sol fotografiado en Chile el 3 de noviembre de 1994. El Sol aparece brillante y no negro a causa de la corona solar, cuyo halo sobreexpuso la fotografía en dicho lugar.

Durante la fase de totalidad

Finalmente, la Luna cubre por completo la superficie solar: se trata de la fase de totalidad, durante la que podemos quitarnos las gafas de protección. Se hace de noche, o casi, y en el cielo se observan estrellas más brillantes, a veces incluso estrellas fugaces. Durante la fase de totalidad, se pueden observar muchos fenómenos, y en poco tiempo, puesto que este momento no dura más de 7 minutos y 6 segundos, a menudo incluso menos: apenas 2 o 3 minutos.

Una vez el disco solar está enmascarado, aparece un gran halo de luz plateada con un contorno irregular: se trata de la corona solar, que es la atmósfera de nuestra estrella y que se extiende a lo largo de varios millones de kilómetros. Más cerca del disco, se distingue también un anillo delgado de tonos rosados: es la cromosfera, de la que en ocasiones brotan unos largos chorros de gas incandescente, las protuberancias solares.

En la Tierra, se puede observar que, durante toda la fase en la que la Luna pasa por delante del Sol, la temperatura desciende muy rápidamente varios grados en pocos segundos, y empieza a soplar un viento fresco. Entonces se produce un extraño silencio en la naturaleza: las aves dejan de cantar y numerosos animales se ponen a dormir.

228 eclipses de Sol

Cuando la Luna se coloca entre el Sol y la Tierra (luna nueva), puede producirse un eclipse de Sol. Sin embargo, para que eso ocurra, la Tierra, la Luna y el Sol deben estar perfectamente alineados (sobre la línea de nodos) y el diámetro aparente de la Luna debe ser al menos igual o superior al del Sol con el fin de ocultarlo por completo (para un eclipse total). A lo largo del siglo xx, ha habido 228 eclipses de Sol, totales o parciales.

Los eclipses de Luna

A pesar de que son progresivos y no transforman repentinamente la noche en día o el día en noche, no por eso los eclipses de Luna dejan de ser un fenómeno espectacular.

Sombra y penumbra

Como todos los objetos iluminados por una cara por el Sol, la Tierra deja tras de sí (del lado «noche») una zona de penumbra cuya región central, más oscura, se denomina sombra.

Cuando la Luna pasa por la penumbra o la sombra de la Tierra, su luminosidad baja, pero nosotros seguimos viéndola. Si este satélite no queda totalmente ocultado es porque nuestro globo está rodeado por una atmósfera que desvía los rayos solares. Gracias a este fenómeno, que se denomina refracción, los rayos solares son desviados y pasan de forma tagencial a la atmósfera, lo cual deja detrás de la Tierra un cono de sombra y no un cilindro. La punta de este cono de sombra está situada a 268 000 km de la Tierra, es decir que está más cerca de la Tierra que la Luna, cuya distancia media es de 384 000 km.

La **refracción**, por la atmósfera terrestre, de los rayos rojos de la luz solar, proporciona su color a la Luna cuando pasa por el cono de sombra terrestre.

Así pues, la Luna nunca pasa por el verdadero cono de sombra de la Tierra, sino únicamente por una zona de penumbra relativa cuyo diámetro aproximado es de 9 000 km. Sin embargo, puesto que ésta es de todos modos más oscura que la penumbra, recibe el nombre de zona de sombra, lo cual lleva a confusión.

¿Por qué la Luna enrojece?

Cuando la Luna eclipsada pasa por la zona de sombra de la Tierra va enrojeciendo poco a poco. Dos hechos explican esta coloración. Para empezar, la luz solar no es uniforme: se descompone en siete rayos de colores diferentes, desde el azul (y el violeta) hasta el rojo. Estos rayos no tienen ni la misma longitud de onda ni la misma energía. Son pues refractados de modo distinto por la atmósfera terrestre.

Los azules, que son unos colores poco energéticos, se encuentran dispersos por todas partes (por eso el Sol nos parece azul). Los ro

os, por su parte,
on los últimos en
dispersarse y su
efracción forma
n cono de luz
oja a lo lejos de-
rás de la Tierra,
n la zona de
enumbra más
ntensa. Al atra-
esar esta zona,
a Luna adquiere
n tono rojizo.

Eclipses de Luna en Europa

Fecha	Entrada en la sombra*	Medio*	Salida de la sombra*
16.05.2003	2 h 03	3 h 41	5 h 19
08.11.2003	23 h 32	1 h 19	3 h 06
04.05.2004	18 h 48	20 h 31	22 h 14
28.10.2004	1 h 14	3 h 04	4 h 55
03.03.2007	21 h 30	23 h 21	1 h 13
21.02.2008	1 h 43	3 h 57	5 h 11
21.12.2010	18 h 22	20 h 13	22 h 04

*Horas en tiempo universal

Observar un eclipse de Luna

os eclipses de Luna se pueden observar a simple vista, pero el espectáculo gana calidad
on la ayuda de unos prismáticos. Para empezar, se aprecia un ligero debilitamiento de la
iminosidad cuando la Luna entra en la zona de penumbra de la Tierra. Después, un pe-
ueño escote más oscuro se forma en el borde izquierdo del disco, hasta invadirlo por
ompleto. Esta sombra que en un principio parece grisácea rápidamente se tiñe de rojo.

Entonces el eclipse pasa a ser total y el color rojizo recubre el disco lunar. Puesto que el diámetro de la zona de sombra es casi el triple del diámetro lunar, la Luna puede permanecer eclipsada cerca de 2 horas, antes de producirse el fenómeno contrario: aparece un creciente más luminoso (siempre en el lado izquierdo del disco lunar), que crece progresivamente hasta que, una vez fuera de la penumbra terrestre, la Luna haya recobrado toda su luminosidad.

Amenazado por las tribus indias, Cristóbal Colón anunció, el 29 de febrero de 1504, que «iba a privar a la Luna de su luz». El eclipse de Luna de la noche siguiente significó la sumisión de las tribus rebeldes: en el extremo superior derecho de esta alegoría de su viaje se observa una luna negra.

La previsión de las catástrofes naturales

Las catástrofes naturales, que sorprenden por su intensidad o su evolución, movilizan con razón a la comunidad científica. Pero, si bien actualmente la prevención de los factores de riesgo sigue siendo el mejor modo de evitar un drama, el coste de esta prevención a menudo sólo está al alcance de los países ricos.

Volcanes bajo vigilancia

En los últimos años, la previsión de las erupciones volcánicas ha experimentado un gran avance. Esto es posible gracias a diversos factores que preceden una erupción: una intensa actividad sísmica y una dilatación de la corteza terrestre. La aparición de dichos fenómenos, su frecuencia y su intensidad permiten dar la señal de alarma. Las sacudidas preeruptivas («temblores») quedan registradas por los sismógrafos. Además, los centros de vigilancia disponen cada vez más de extensómetros (aparatos que miden el aumento de volumen del suelo bajo el efecto del impulso magmático) o de inclinómetros (que miden los cambios de pendiente) y, en ocasiones, de un balizaje cartográfico en tres dimensiones efectuado gracias a las medidas GPS (*Global Positioning System*, sistema de localización por satélites).

Así pues, hoy día la previsión a medio plazo es relativamente fácil, pero la previsión a corto plazo lo es mucho menos. La capa superficial de la corteza terrestre, más tierna que la capa media, puede ceder de repente. Esta aceleración final sigue siendo prácticamente imprevisible, al igual que la intensidad real del fenómeno. En estas condiciones, la decisió[n] más importante, que consiste en evacuar a la[s] poblaciones, siempre es delicada. Los hab[i]tantes que deben abandonar su domicilio s[e] encuentran en una situación precaria cuy[a] prolongación puede ser dramática. Por últ[i]mo, estos progresos no deben enmascarar [el] hecho de que pocos volcanes en activida[d] poseen un arsenal completo de vigilanci[a]. Además, sólo se vigilan los volcanes conside[ra]rados activos. No obstante, la experiencia d[e] muestra que las erupciones más dramática[s] se producen tras un largo sueño.

Seísmos imprevisibles

Contrariamente a las erupciones, los seísm[os] no envían ninguna señal antes de desencad[e]narse. Y, si bien las zonas de fragilidad de [la] corteza terrestre son conocidas, los terrem[o]tos pueden desatarse fuera de estas zona[s] según unos mecanismos que todavía no [se] acaban de comprender. El riesgo sísmico [es] pues muy difícil de calcular y las prevision[es] prácticamente imposibles. Sin embargo, d[e]terminados modelos científicos tienden a e[s]tablecer una correlación entre la aparición [de] pequeños seísmos y la de seísmos destruct[ivos] res. Algunos estudios muestran, en casos particulares, que el número de pequeños seísmos disminuye y que su tamaño aumenta hasta alcanzar una magnitud máxima que provoca la ruptura de falla. Pero esta relación, muy discutida, no es aplicable a todos los casos. Otra vía de investigación la ofrece el análisis de las fuerzas de tensión que se ejercen a lo largo de las fallas naturales del globo. Un estudio reciente, realizado sobre la gran falla norteanatoliana (Turquía), muestra que cuando se produce un gran seísmo, una parte destacada de las fuerzas que se ejercían en la región no ha sido liberada sino transferida a otros puntos de la falla. Esto permite decir en qué región tendrá lugar el siguiente seísmo. Este estudio también prevé un terremoto importante en la región de Istanbul en los próximos 20 años. Sin embargo, todavía nos encontramos lejos de la previsión a corto plazo. Los factores que desencadenan un seísmo son, en efecto, muy numerosos y demasiado desconocidos y el conocimiento del subsuelo todavía es bastante incompleto como para poder realizar previsiones.

Ciclones versátiles

Hoy en día, la formación de un ciclón difícilmente puede pasar desapercibida. La vigilancia ciclónica está coordinada a nivel internacional por la organización meteorológica mundial. Ésta ha designado en cada cuenca oceánica un centro regional especializado. Los hay en Miami, Tokyo, Nueva Delhi, las islas Fidji y Saint-Denis de Reunión. Estos centros detectan los fenómenos, intentan prever su evolución y difunden mensajes de alerta, con la ayuda de los satélites meteorológicos que visualizan los ciclones. Pero todavía es imposible prever su formación y muy difícil establecer modelos de evolución. Según la capa de la atmósfera a la que estén asociados, pueden acentuarse o debilitarse, incluso cambiar repentinamente de dirección o detenerse durante varios días en un mismo lugar (éste fue el caso, en pleno Atlántico, del ciclón Mitch en 1998). La previsión es aún más difícil si se tiene en cuenta que los puntos que registran los indicadores meteorológicos en el mar (las boyas, los barcos, los aviones) son mucho menos numerosos que en la tierra.

El riesgo hidrológico

Las inundaciones pueden tener múltiples causas: arroyadas debidas a la fusión de la nieve, crecidas provocadas por tormentas, formación de barreras de hielo, fusión de glaciares, tsunamis, ciclones, caída de chaparrones sobre zonas habitadas, rotura de una presa o de un dique, etc. Además de la inundación de campos y viviendas, estos fenómenos pueden provocar torrentes de agua o de lodo, así como corrimientos de tierra. Es difícil y costoso hacer frente a una inundación. La política que ha prevalecido hasta hace poco consistía en construir estructuras que permitieran controlar los ríos cuyo peligro era conocido. Se construyeron numerosas presas y diques, se desviaron ríos para evitar las zonas de riesgo, se construyeron depósitos, se estudiaron los dispositivos para drenar el agua de la lluvia en las ciudades. Hoy en día, se tiene una visión del riesgo de inundación más global, a escala de una cuenca hidrográfica. Se han creado programas informáticos capaces de simular el comportamiento de los ríos en el momento de la fusión de las nieves o en caso de precipitaciones especialmente abundantes. Éstos deberían permitir una mejor gestión del riesgo, gracias al seguimiento constante de diversos parámetros: cantidad de nieve en altitud, previsiones meteorológicas, caudal de los ríos, capacidad de absorción de los suelos en función de su humedad. Aun así, es difícil aplicar un seguimiento igual de estricto a todos los ríos. El mejor freno a las inundaciones consiste, pues, en evitar la construcción de viviendas en las zonas propensas a sufrir inundaciones, limitar la ubicación de cámpings al lado de los ríos, respetar los planes de ocupación del suelo. A diferencia de los riesgos volcánicos, sísmicos y ciclónicos, el riesgo de inundación puede verse limitado por las infraestructuras. Estas infraestructuras, no obstante, no pueden hacer nada para evitar una inundación masiva en las regiones superpobladas. En este caso, la mejora de la previsión meteorológica a menudo permite avisar y evacuar a las poblaciones.

El Diluvio, ¿mito o realidad?

Existen numerosos relatos antiguos que lo describen. Actualmente, se dispone de más datos científicos: es muy posible que se produjera un diluvio a orillas del mar Negro.

El mito

El Diluvio está presente en numerosas civilizaciones de todos los continentes, en China, en Norteamérica, en África y especialmente en Oriente Próximo. Desde Turquía hasta el golfo Pérsico, los relatos describen una inundación repentina que sumergió la Tierra entera y de la que sólo se salvaron algunos humanos y ciertos animales refugiados en un barco. La primera versión del Diluvio que nos ha llegado data del tercer milenio antes de Jesucristo. Ésta forma parte de un texto conocido con el nombre de «epopeya de Gilgamesh», escrito en acadio sobre tablillas de arcilla cocida y que se encontró en Mesopotamia. Su parecido la convierte sin duda en fuente de inspiración de la versión más conocida actualmente: la de la Biblia. Los libros VI, VII y VIII del Génesis relatan la historia de Noé, prevenido por Dios de la inminencia de una catástrofe provocada para castigar a los hombres por su maldad.

La ciencia

El Diluvio bíblico es sin duda uno de los pasajes que más ha inspirado a los científicos. Desde la Edad Media, numerosos sabios cristianos intentaron reforzar la credibilidad de esta historia intentando reconstruir científicamente el arca de Noé. Las preguntas que se planteaban en esa época eran las siguientes ¿qué especies estuvieron realmente presente en el barco? ¿Cómo se colocaron para ocupa tan poco espacio? ¿Qué organización práct ca presidía la vida cotidiana en el arca? Ma tarde, en el siglo XIX y después en el XX, la historiadores se centraron en el relato bíblic A partir de aquí, éste no es interpretado com una transcripción exacta de la realidad, sin como la apropiación de un mito que se v reinterpretado dentro de un marco religios determinado. Surge la idea de que este mi tal vez tenga su origen en un hecho históric cuyo recuerdo fue transmitido oralmente c generación en generación. Durante much tiempo también se creyó que la historia d Diluvio y del arca de Noé hacía referencia una crecida excepcional de los ríos Tigris y É frates. En efecto, éstos inindaban de form regular los cultivos situados en la gran llanu de Mesopotamia. Pero ningún resto sed mentario respaldaba esta teoría.

La pista del mar Negro

En 1996, los expertos en geología marina no teamericanos William Ryan y Walter Pitma con la ayuda de colegas turcos y armenios, fo mularon la hipótesis de una brusca crecida las aguas del mar Negro. Más adelante, l sondeos marinos y la exploración de los fond aportaron numerosos argumentos en su favo fectivamente, la última glaciación terminó hace 1 200 años. El nivel de los océanos, que había disminuido 120 m en los últimos milenios, empezó a crecer. En este contexto, el Mediterráneo habría empezado a invadir el mar de Mármara. Las aguas se habrían quedado bloqueadas durante varios miles de años en este mar, puesto que el estrecho del Bósforo, que actualmente lo une al mar Negro, aún no estaba abierto. Los sondeos realizados por Ryan y Pitman mostraron que el nivel del mar había subido 150 m en relación con el del Ponto Euxino, el lago que se convertiría en el mar Negro. Después, debido a la presión de las aguas, una barrera rocosa natural habría cedido hace aproximadamente 7 000 años. Las aguas saladas del Mediterráneo se habrían vertido de forma brutal en las aguas dulces del lago a razón de entre 1 000 y 2 000 metros cúbicos al día. Durante meses, el agua habría progresado por las orillas del mar Negro a una velocidad de entre 1 y 2 km diarios. La extracción de depósitos sedimentarios lo demuestran: en esa época, las conchas de agua dulce fueron remplazadas por berberechos y mejillones. La última concha de agua dulce data de hace 8 500 años y la concha de agua salada más antigua data de hace 7 500 años. Entre las dos capas, se encuentra una importante mezcla de conchas machacadas, señal de que se produjo

un acontecimiento en el que intervinieron fuerzas muy importantes. Los ribereños habrían emprendido la huida, abandonando cabañas de madera de las que se han encontrado restos. Algunos de ellos se habrían refugiado en Mesopotamia, donde se fraguó el mito del Diluvio que conocemos hoy en día.

↖ **Representación del Diluvio** en una miniatura del Beato de Liébana (abadía de Saint-Sever, mediados del siglo XI), Biblioteca nacional de Francia.

Las dudas

Sin embargo, no todo el mundo está de acuerdo con la explicación expuesta anteriormente. El punto débil de esta hipótesis es que contradice los datos obtenidos a partir del análisis de la ribera del Danubio, en el punto en el que éste desemboca en el mar Negro: los cordones litorales de este río se remontan, efectivamente, 12 000 años, como si el nivel del mar no hubiera variado de forma brutal.

Si bien el Danubio no muestra restos de un movimiento destacado de agua, actualmente no hay duda de que el mar Negro conoció una sumersión de su agua dulce por agua salada hace aproximadamente 7 500 años. Hoy en día todavía encontramos una corriente «fósil» que da testimonio de la inundación: en los Dardanelos, mientras la corriente de superficie va del mar Negro hacia el Mediterráneo, las aguas de profundidad circulan en sentido contrario.

No obstante, la inundación puede haber sido menos violenta de lo que Ryan y Pitman piensan. Un equipo internacional dirigido por Ali Aksu sugirió en 1999 que los ríos Dniéper, Don y Danubio, cargados con el agua del deshielo de Siberia y el norte de Europa, habrían hecho crecer el nivel del mar Negro hasta una altitud comparable a la del mar Mediterráneo. Así pues, la unión se habría producido lentamente. Por lo tanto, existen dudas acerca de cómo se produjo la inundación, pero no sobre su existencia. En cuanto a afirmar que esta crecida del mar Negro sea la que haya dado lugar al relato del Diluvio que encontramos en el Génesis hay un paso que la ciencia no puede dar sola...

Léxico

Ablación (zona de)
ver Zona de ablación

Acreción (zona de)
ver Zona de acreción

Acumulación (zona de)
ver Zona de acumulación

Anticiclón
Masa atmosférica de alta presión que alberga movimientos descendentes.

Año luz
Unidad de longitud equivalente a la distancia recorrida en un año por la luz en el vacío, es decir, 9 500 millardos de kilómetros.

Aparato volcánico
Materia que rodea un volcán y que participa en su función.

Astroblema
Cráter formado por el impacto de un cuerpo celeste sobre un planeta; del griego *astron*, «astro», y *blêma*, «herida».

Caldera
Designa un hundimiento del techo del volcán debido a una erupción especialmente violenta.

Caudal
Cantidad de agua que fluye en un momento dado durante un intervalo de tiempo dado. El caudal se mide en metros cúbicos por segundo.

Centrífuga (fuerza)
ver Fuerza centrífuga

Circo
Depresión semicircular, de paredes abruptas, formada en la parte superior de un glaciar.

Columna pliniana
Penacho de piroclástitos con la forma de un pino piñonero y que se forma encima de la boca de un volcán en erupción cuando el magma contiene una gran proporción de gases disueltos y cuando éste ha estado comprimido en una chimenea estrecha.

Compuestos orgánicos
Moléculas de carbono (aldehídos, aminoácidos, etc.) que constituyen los organismos vivos.

Condensación
Paso de un estado gaseoso a un estado líquido.

Coriolis (fuerza de)
ver Fuerza de Coriolis

Cráter
Orificio que generalmente ocupa la cima de un volcán.

Cristal
Cuerpo sólido que se caracteriza por un apilamiento regular y periódico de átomos.

Cuenca hidrográfica
Región drenada por un curso de agua y todos sus afluentes.

Cumulonimbo
Gran nube oscura que se desarrolla verticalmente y que es susceptible de desencadenar una tormenta.

Depresión
Masa atmosférica de baja presión que alberga movimientos ascendentes.

Dorsal oceánica
Fractura submarina por la cual se inyecta el magma y reconstituye el fondo oceánico.

Elíptica
En astronomía, describe la trayectoria curva y plana de un objeto, de forma más o menos alargada y uno de cuyos focos es el Sol.

Epicentro
Punto de la superficie más próximo al foco.

Epicentro macrosísmico
Lugar de mayor intensidad percibida.

Falla
Resultado de una ruptura de un conjunto rocoso.

Foco
Lugar de inicio de la ruptura de un conjunto rocoso.

Frente
Zona de transición entre dos masas de aire atmosféricas caracterizadas por una temperatura y una tasa de humedad diferentes.

Fuerza centrífuga
Fuerza de inercia experimentada por un cuerpo en rotación que lo aleja del centro de su trayectoria.

Fuerza de Coriolis
Fuerza debida a la rotación de la Tierra cuyo efecto es desviar todo objeto en movi-

niento hacia su derecha en el hemisferio Norte y hacia su izquierda en el hemisferio Sur.

Fumarolas
Emisiones gaseosas de un volcán.

Geotermia
Conjunto de los fenómenos térmicos internos del globo terrestre; su estudio científico.

Gravitación
Fuerza responsable de la atracción de todos los cuerpos materiales, proporcional a su masa e inversamente proporcional al cuadrado de la distancia que los separa.

Hiperbólico
En astronomía, describe la trayectoria curva y plana de un objeto, de forma más o menos alargada y cuyo primer foco es el Sol y el segundo un punto situado en el infinito.

Iones
Átomos que han perdido (o ganado) uno o varios electrones y por lo tanto cargados eléctricamente en lugar de ser neutros.

Ionosfera
Zona de la alta atmósfera caracterizada por la presencia de partículas cargadas eléctricamente.

Línea de nodos
Línea que une las intersecciones de la órbita de un cuerpo en movimiento con un plano de referencia: en los eclipses,

línea de las intersecciones del plano de la órbita lunar con el plano de la eclíptica.

Litosfera
Capa externa de la corteza terrestre fragmentada en placas tectónicas.

Luminoso (rayo)
ver Rayo luminoso

Maar
Cráter procedente del encuentro del magma ascendente con una reserva de agua.

Magma
Líquido formado en el interior de la Tierra por fusión de las rocas que la componen.

Mesosfera
Parte de la atmósfera terrestre situada encima de la estratosfera, a entre 40 km y 80 km de altitud.

Meteoro
Todo fenómeno observado en la atmósfera (a excepción de las nubes) y, en particular, trazos luminosos de los meteoritos a su entrada en la atmósfera.

Morrena
Extensión de restos rocosos arrastrados y abandonados después por un glaciar.

Orgánicos (compuestos)
ver Compuestos orgánicos

Piedra pómez
Roca volcánica porosa y muy ligera.

Piroclástitos
Conjunto de las proyecciones de fragmentos emitidas por un volcán: polvo, ceniza (2 mm de diámetro), lapilli (de 2 a 64 mm) y bombas o bloques (más de 64 mm).

Plasma
Fluido compuesto de moléculas gaseosas eléctricamente neutras.

Pliniana (columna)
ver Columna pliniana

Rayo luminoso
Trayectoria seguida por la luz para ir de un punto a otro.

Refracción
1. Cambio de dirección de una onda al pasar de un medio a otro: la luz solar es refractada por la atmósfera terrestre y cada rayo experimenta una desviación que está en función de su longitud de onda.
2. Fenómeno de replegamiento de la ola debido a las distintas velocidades que dan movimiento a fracciones de ola situadas a alturas distintas.

Rift
Valle de hundimiento creado por tensiones de la litosfera.

Sismología
Ciencia que estudia los terremotos.

Sobrefusión
Fenómeno por el que un cuerpo permanece en estado líquido por debajo de su temperatura habitual de solidificación.

Subducción (zona de)
ver Zona de subducción

Tifón
Nombre de los ciclones en Extremo Oriente.

Tsunami
Maremoto provocado por una perturbación brutal de la columna de agua, como consecuencia por ejemplo de un seísmo o de una erupción volcánica.

Verglás
Capa de hielo transparente y fina.

Volcánico (aparato)
ver Aparato volcánico

Zeolito
Silicato natural poroso de origen volcánico; en griego antiguo significa literalmente «piedra que bota».

Zona de ablación
Zona de pérdida de masa del glaciar.

Zona de acreción
Zona de separación entre dos placas tectónicas en la que se produce una renovación de la materia litosférica por aportación de magma.

Zona de acumulación
Zona en la que el glaciar gana masa.

Zona de subducción
Zona donde se produce el hundimiento de una placa litosférica (oceánica generalmente) bajo otra (continental en la mayoría de casos).

España

**Instituto de Astrofísica
de Andalucía (IAA)**
Camino Bajo de Huétor, 24
8008 Granada

**Instituto de Astrofísica
de Canarias (IAC)**
Vía Láctea s/n
8205 La Laguna

Instuto Geográfico Nacional
General Ibáñez Ibero, 3
8003 Madrid

**Instituto Nacional
de Meteorología (INM)**
Leonardo Prieto Castro, 8
(Ciudad Universitaria)
28071 Madrid

**Real Sociedad Española de
Historia Natural**
Facultades de Biología
y Geología
Universidad Complutense
de Madrid
8040 Madrid

**Sociedad Española
de Astronomía (SEA)**
Universidad de Barcelona
Facultad de Física
Av. Martí Franquès, 1
08028 Barcelona

Argentina

**Instituto de Astronomía
y Física del Espacio**
Edificio IAFE - Ciudad
Universitaria, 1428
Buenos Aires

Chile

**Asociación Chilena de
Astronomía y Astronáutica**
Marcoleta 485 Of.H,
Santiago.
Casilla 3904, Santiago-
Centro

México

**Instituto de astronomía
y meteorología**
Av. Vallarta, 2602
Guadalajara 44130

Perú

Instituto Geofísico de Perú
Marquez de Calatrava Mz F
Lt 10
Urb. Camino Real - La
Molina
Lima 12

Estados Unidos

**American Museum of
Natural History**
Central Park West at 79th
Street
New York, NY
10024-5192

Francia

**Association française
d'astronomie**
17, rue Émile-Deutsch-de-
la-Meurthe
75014 Paris

Maison du volcan
RN3, Bourg-Murat, 97418
La Plaine-des-Cafres,
La Réunion

Páginas web

Eclipses
sunearth.gsfc.nasa.
gov/eclipse/eclipse.html

Seísmos
International Association of
Seismology and Physics of
the Earth's Interior (IASPEI)
www.iaspei.org

International Seismological
Centre (Reino Unido)
www.isc.ac.uk

Meteoritos y asteroides
astrosun.tn.cornell.
edu/staff/bottke

Diversos
www.meteo.org

www.inm.es

www.vulcania.com/

www.astrored.org

www.astroscu.unam.mx/

www.usgs.gov/

volcano.und.nodak.edu/

www.geo.mtu.edu/
volcanoes/world.html

www.islandnet.com/
~see/weather/elements/
icestorm.htm

Índice

Las cifras en cursiva remiten a las ilustraciones.
Las páginas en negrita desarrollan el tema de forma significativa.

124

Créditos de las ilustraciones

Fotografías

Dibujos e infografías